语言政策
与语言教育

LANGUAGE POLICY & LANGUAGE EDUCATION

主编 王雪梅

组编 中国外语战略研究中心

2021 秋

上海外语教育出版社

外教社 SHANGHAI FOREIGN LANGUAGE EDUCATION PRESS

图书在版编目（CIP）数据

语言政策与语言教育.2021年.秋/王雪梅主编；中国外语战略研究中心组编.-- 上海：上海外语教育出版社，2023

ISBN 978-7-5446-7812-4

Ⅰ.①语… Ⅱ.①王…②中… Ⅲ.①语言政策—文集②语言教学—文集 Ⅳ.①H0-53

中国国家版本馆CIP数据核字(2023)第111829号

出版发行：上海外语教育出版社

　　　　　　（上海外国语大学内）　邮编：200083
电　　话： 021-65425300 (总机)
电子邮箱： bookinfo@sflep.com.cn
网　　址： http://www.sflep.com
责任编辑： 杨　旻

印　　刷： 上海新华印刷有限公司
开　　本： 787×1092　1/16　印张 8　字数 158 千字
版　　次： 2023 年 9 月第 1 版　　2023 年 9 月第 1 次印刷

书　　号： ISBN 978-7-5446-7812-4
定　　价： 30.00 元

本版图书如有印装质量问题，可向本社调换
质量服务热线：4008-213-263

"高等学校学科创新引智计划(111计划)"
资助项目

编辑部地址: 上海市大连西路 550 号上海外国语大学 5 号楼 607 室
通信地址: 上海市大连西路 550 号 338 信箱　　**邮编:** 200083
联系电话: 021 - 35372364　　**电子信箱:** lple2015@163.com
网址: http://www.iol.shisu.edu.cn 或者 http://www.rcfls.shisu.edu.cn

Language Policy & Language Education

Correspondence: Editorial Office of China Center for Language Planning and Policy Studies

Address: Mailbox 338, Shanghai International Studies University, Shanghai 200083, P. R. China

Tel: 021 – 35372364   **E-mail:** lple2015@163.com

Website: http://www.iol.shisu.edu.cn   or   http://www.refls.shisu.edu.cn

LPLE

《语言政策与语言教育》

2021 年秋

（14）

组　　编：中国外语战
略研究中心

名誉主编：陈坚林

主　　编：王雪梅

联合主编：赵蓉晖
赵守辉

编辑部主任：宫同喜

编　　辑：邓世平
孟　宇

责任编辑：杨　旻

封面设计：戴玉倩

目　录

CONTENTS

LPLE

Language Policy & Language Education

Autumn 2021
(General Serial No. 14

Compiled by China Cent
for Language Planning an
Policy Studies

Editor-in-Chief Emeritus:
Chen Jianlin

Editor-in-Chief:
Wang Xuemei

Co-Editor-in-Chief:
Zhao Ronghui, Zhao Shouh

Department Editor:
Gong Tongxi

Editors:
Deng Shiping, Meng Yu

Executive Editor: Yang Min

Cover Designer: Dai Yuqian

跨境国家语言概况编写的一些体会
——以《老挝语言状况》调查、编写个案为例[*]

中央民族大学　　戴庆厦

摘要： 本文结合跨境国家语言状况相关调查研究，以老挝个案为例，阐述了调查、编写跨境国家语言概况的四点体会：（1）宏观把握——调查研究老挝语言的先行着力点；（2）微观入手——调查研究老挝语言的主要工作；（3）田野调查——调查研究老挝语言必须坚持的研究方法；（4）换位思考——调查研究老挝语言必须遵守的认知路径。
关键词： 跨境国家；语言概况；老挝；个案

1. 引言

调查、编写周边国家语言概况，是我国语言研究一项有价值、有新意的工程，也是国家实施"一带一路"倡议必须开展的一项语言工作，具有重要的应用价值和学术意义。该工程对于促进不同国家之间的相互了解和团结合作具有重要作用。特别是进入新时代，随着我国与世界各国的交流联系进一步加强，调查、编写并深化了解跨境国家的语言状况更具有重要的实用价值。

近年来我们课题组在跨境语言研究工程中开展过对泰国、缅甸、老挝、哈萨克斯坦等国的跨境语言调查，主持编写出版了十几部专著，深感这一工作的重要性，也积累了一些经验。在以上四国的调查中，我对老挝语言状况的调查研究时间最长。从 2008 年开始，我们与老挝南塔师范学院合作，先后对老挝的语言状况及老挝的克木语、普内语、西拉语等语言进行了调查研究，取得了一些成果。已出版的成果有《老挝琅南塔省克木族及其语言》（戴庆厦，2012）、《老挝普内语研究》（戴庆厦等，2018），待出版的有《老挝西拉语研究》。下面是我们的一些体会，希望对跨境语言及"一带一路"语言调查研究提供一定参考。

2. 宏观把握——调查研究老挝语言的先行着力点

所谓"宏观把握"，是指对一国的语言及相关背景的主要特点要有整体的科学认识。

---

* 本文为 2020 年 12 月 14 日作者在北京语言大学召开的第三届语言资源与治理国家暨《万国语言志》编写启动会上的主旨发言，报告后对发言内容进行了充实、修改。

有了宏观把握,才有可能合理、准确地理解、判断出现的各种具体语言现象,否则就不可能从本质上对其语言的特点或演变有深入的认识。因此在整个调查过程中,我们都很重视在具体语料的基础上,反复进行宏观认识的提炼。

我们主要从以下几个方面调查老挝的语言及背景情况,得到以下宏观认识。

（1）在人口和面积上,老挝是一个人口较少、面积不大的国家。根据 2015 年人口普查结果,老挝人口为 6 911 326 人,国土面积 236 800 平方公里。人口少、面积小是老挝语言背景的一个重要特点。

（2）在邻国关系上,老挝是一个内陆国家。北面与中国接壤,东面与越南相邻,西南面与泰国毗邻,西北面与缅甸相接,南面与柬埔寨相连,没有海岸线。内陆国是老挝又一重要的语言背景。

（3）在与我国的关系上,老挝与我国唇齿相依,边境线长达 710 公里。老挝的许多民族与中国的少数民族或是同根生,或有亲缘关系,其中一些民族是历史上从中国迁移过去的。长期以来,两国边民来往密切,交流合作,互惠互利。因此对老挝语言、文化的研究在我国跨境语言研究中具有特殊地位。

（4）从历史上看,老挝长期遭受殖民统治。1776 年以后,暹罗控制老挝,越南控制川圹地区。19 世纪 60 年代,法国开始向老挝渗透,以武力迫使暹罗签订《法暹曼谷条约》,并将老挝并入法属印度支那联邦。1975 年,巴特寮夺取了全国政权,老挝人民革命党成为执政党。历史的变迁对老挝语言的发展、标准语的规范都有一定的影响。

（5）老挝是一个多民族、多语言的国家。由于民族、语言情况复杂,老挝语言状况难以界定,因此出现了不同的统计和分类。1968 年,老挝革命党将老挝人口划分为 68 个民族,并将这些民族归入三大族系。2000 年 8 月,老挝中央建国战线认为老挝共有 49 个民族:人口最多的是老族,共有 300 多万;其次是克木族,有 60 多万;再次是苗族,有 40 多万;人口最少的是巴拿族,仅有 380 人。据我们调查,老挝 49 个民族分别使用 49 种语言,包括分属汉藏语系的壮侗语族、苗瑶语族、藏缅语族,以及南亚语系的孟-高棉语族。49 个民族分属老泰族群、孟-高棉族群、汉藏族群和苗瑶族群四个族群。四个族群中,以老泰族群和孟-高棉族群的民族数量、人口数量最多。多民族、多语言是老挝的一个重要特点和人文景观。

（6）老挝目前的语言政策是坚持语言平等。从整体上看,不同语言关系和睦、互相兼用是常态,各民族都积极学习本国国语老挝语,现有语言都保存得很好,具有活力。

3. 微观入手——调查研究老挝语言的主要工作

所谓"微观入手",是指要选择具体问题进行深入研究,获得真知。只有微观深入,才能获得真实、有用、能够成书的材料,也才能写成有价值、有特点的跨境语言专著。我们在实施对老挝语言概况的调查中,除宏观思考分析外,必须把精力主要放在微观材料的调查、记录和研究上。微观调查有助于宏观认识的形成,而宏观把握又有助于微观研究的深入。

对于老挝语言的微观调查,我们主要开展了以下工作:

(1)具体调查并掌握了老挝全国各省区的地理划分状况,并根据老挝的行政划分层次,了解了每个层次的人口、民族、资源等情况,还从有关部门获取了一份近期的、全国性的官方地图。

(2)通过调查和访谈,了解了老挝各个民族的人口、地理分布、历史来源、经济生活、文化生活、宗教信仰、生活习俗、婚姻状况等方面的信息,以及不同民族之间的经济联通、通婚情况等。

(3)调查了老挝各种语言的系属、主要特点和使用功能,了解了各种语言的活力,包括是否存在濒危或衰变、强势和弱势的区分以及语言使用中出现的问题等。还调查了老挝语言与跨国语言的关系(相似度、相互交流、相互影响)等情况。

(4)深入调查了老挝几大代表性语言的特点。内容包括语音、语法、词汇的主要特点、话语材料、社会人文材料等。

(5)对老挝语(国语)的特点及使用情况进行了系统的调查研究。除了调查本体结构特点外,还调查了其功能特点。课题组还亲自到传媒单位了解电台、电视台、报纸、出版社的语言文字使用情况,并调查了国语的推行情况以及国语与非国语的关系等。

(6)调查研究了老挝的语言方针政策。包括方针政策的要点、涉及板块、主要特点、主要依据、历史上的语言方针政策等。还了解了语文机构的设置、语文工作者的培养情况等。

4. 田野调查——调查研究老挝语言必须坚持的研究方法

我们认为,要科学、深入地认识一国真实的语言状况,除了案头工作外,有条件的还必须坚持到该国各个社会领域做实地的田野调查。老挝语言调查大体经历了以下几个步骤:

(1)先要组织好课题组。课题组的人数由课题的任务量而定。老手和新手的比例要适当,还要配好翻译人员。我们还邀请了两位在我国留学的老挝博士生参加课题组工作,他们除了承担调查任务外还负责翻译工作及联络工作,为我们的调查做出了大量不可替代的贡献。

(2)课题组成立后,先开展田野调查前的先行研究。收集论文、专著、史籍等文献,并访谈了在京的老挝留学生。力争在田野调查之前先获得一些初步认识,做到心里有点底。出发之前要做好任务布置,明确交代任务,包括必须完成的事项、标准的掌握、语言能力等级的划分、材料及表格的制作要求等。要让所有成员都了解清楚这次调查的内容、要求及注意事项。

（3）到实地调查之前，及时与合作的老挝南塔师范大学协调工作。明确并统一对调查意义、调查任务的认识，签署合作协议，请他们办理入境手续，还请他们与调查点联系，做好准备。

（4）到达老挝后，我们及时与当地有关部门联系，说明调查目的和要求，请他们介绍情况。然后按计划到村寨和城镇调查。入境后要认真与合作单位、调查点及当地政府建立合作关系，形成融洽的气氛。这是跨境语言调查取得成功的基本保证。我们的几次调查与老挝方都相处得非常好，得到了他们的热情欢迎和积极支持，由此调查任务得以顺利完成。

（5）要做好调查组人员的分工，任务必须落实到人，包干负责。主持人要掌握每个成员的工作进度和出现的问题，及时解决章节之间出现的重复、观点提法的矛盾、术语的不统一、篇幅大小不当等问题。

（6）每人完成初稿后，要在调查点反复修改完善。主要的调查任务要在调查点完成，特别是语料、数据的核实工作必须在实地完成。我们坚持调查任务要在实地完成，不留尾巴，不定稿不离开调查点。如果留了尾巴，回国后就难以再补上。我们要求课题组在田野调查第一线写出初稿。

（7）要让调查组成员认识到，田野调查是跨境语言调查的关键。因为做跨境语言调查研究，要能获得真知，必须到跨国现场做第一线的田野调查，只靠案头工作肯定是不够的。我曾四次到老挝做过调查，与老挝各方面人士有了广泛的接触，深入了解了老挝社会、政治、经济、文化各方面的情况，还体验了老挝各民族的风土人情，并调研了各种语言的使用情况，由此与老挝和老挝人民建立了感情。这样的感性认知为我开展老挝跨境语言研究奠定了一定的基础。

在当地做田野调查，能够获得当地社会、语言的第一手材料，能根据亲自调查获取的材料进行科学归纳和分析。而且还便于核对文献信息和已记录的语料，根据实际情况或遇到的新情况及时调整已有的调查计划。有些信息，不在当地是无法获得的，例如：不同人群对母语和兼用语的认识及对国家语言政策的态度；具体语言在语言生活中的地位；语言工作中的经验和问题；不同语言之间的关系等。通过田野调查，还能与代表性人物做面对面的访谈，这样不清楚的、有疑问的问题也能迎刃而解。

5. 换位思考：调查研究老挝语言必须坚持的认知路径

"换位思考"，是指对跨境国家语言文字现象的特点及成因，要从该国的实际情况寻求答案或作出合理解释，而不能盲目按照自己固有的认识去推理解释或评判。每个人都会有定式思维，所谓"定式思维"，就是把以往多年形成的思考和判断问题的方式，一下子套用在研究的新问题、遇到的新客体上，而且还会固执己见、自以为是。新问题的解决，必须实事求是,研究新情况,形成新认识。

我们开展老挝语言调查研究,特别是到了田野调查第一线,异国语言文化和风情习俗等新挑战扑面而来,让人来不及思考和应对,如何辩证、客观地去认识、解释所面临的异国新事物和新现象,这是老挝语言研究过程中始终要注意的方法论问题。

跨境语言的特点,是受本国社会、文化、历史等因素的影响而形成的,所以要根据该国的具体情况去思考问题,不能用过去思考问题的方法去对待。举例来说,2010年我去老挝开展克木语使用情况调查时,有位老挝公务员追着问我:"中国的民族分为主体民族和少数民族,语言有主体民族语言和少数民族语言之分,而我们老挝不分,都是民族语言。您怎么看,哪种好?"我一下懵住了,回答不上来。经过反复思考,我认为两国各有自己的国情,可以分别处理,不存在对错或好坏的问题。中老两国国情不同,中国的汉族人口占全国人口的95%以上,少数民族的人口不到5%。区分主体民族和少数民族,有助于扶持少数民族发展。在语言上,少数民族语言使用范围小,在现代化进程中由于经济一体化、信息一体化的加速发展,有些语言面临功能衰退甚至濒危的困境,国家对少数民族语言实施语言保护政策,对濒危语言进行抢救,这些举措都是必要的。所以在中国,从宏观概念上区分出主体民族和少数民族、通用语言和少数民族语言是必要的,符合各民族现时利益和长远利益。半个多世纪的实践证明,这一区分受到少数民族的肯定和拥护。

但老挝的民族分布情况不同于中国。老挝有49个民族,全国人口6 911 326人(2015年数据),其中人口最多的是老族,共有3 067 005人,仅占老挝总人口的35%,其他民族占65%,可见老族在人口数量上无绝对优势。再者,除边远地区外,老族在社会、经济、文化发展水平上与其他民族无显著差异,因而在49个民族中,老族尚未占有绝对的"老大哥"地位。因此,老挝不分主体民族和少数民族,是符合自己国家国情的。

再举一例。2015年,我们调查组在调查老挝的媒体时,了解到他们虽然规定老族语言是官方语言,但并无标准音的规定。电台、电视的播音各带地方口音,如琅南塔省的电台带琅南塔省的口音,琅勃拉邦省用琅勃拉邦省的口音,万象市用万象市的口音等。被访谈者无一例外地都表示这样做很好。但根据我国长期有标准音的规定,我们访谈组觉得很奇怪,多次向老挝人询问为什么没有标准音。我们就此问题进行了反复调查,不仅采访了与传媒机构有关的公务员,还访问了高校师生。大家都认为这不是个问题,不同地区的播音者使用不同口音播出来的语音,大家都能听懂,没有什么关系。万象是首都,万象话有它的特点,但其他地方的人不一定都能学得好,不如用自己地方的口音来得自然,也符合老挝的实际语言情况。老挝有49种语言,人口最多的老族属于壮侗语族,内部方言差异很小,相互都能听懂。与它同属一个语族的语言还有泰语、傣泐语、媛语、傣诺语、些克语等五种语言。这些语言与老语接近,据本族人说,听两星期就能听懂。老语有文字,在拼写、用词和组词造句方面有传统的标准规范,因此,国家对官方语言老语的使用只要求拼写、用词和组词造句规范,在教学、媒体的读音上没有统一要求。当然,随着老挝现代化进程以及教育、科学的深入发展,在官方语言的规范上是否会采取新的举措,如在教学、媒体的读音上是否要规定以万象话为标准音,目前尚不能预测。我们不能用我国对标准音的规定,来评判老挝的通用语规范,而应从其本国实际来认识其语言政策。

总之,我们在看待跨境语言问题时,不能用我们的想法和标准来评判,而应判断该语言现象是否符合老挝国情。对待跨境国家语言的各种现象,必须要使用科学的认知方法,在思考时除了用普遍真理去衡量外,还要从本国国情分析其产生的原因和必然性。何况,我们还必须尊重老挝对自己国家民族语言问题的认识。

6. 处理好语言和社会、文化的关系

语言是在社会中使用的,与文化联系密切,因此研究外国语言必然会涉及社会、文化等背景材料。

那么,在跨境语言调查研究中应怎样处理好二者的关系?总体上的原则是以语言为主体,并且要联系与语言有关的社会、文化等背景。

如何将"两层皮"自然地贴到一起,是不容易实现的。以往的成果中,有的未将社会、文化和语言有机融合,社会、文化的材料未能有助于理解语言现象;有的研究对社会、文化的论述比例过大,喧宾夺主。因此,不论在调查过程中还是在成稿过程中,语言和社会、文化的关系都要注意处理得当。

7. 老挝语言调查研究需要注意的几个问题

我们的老挝语言概况编写,除坚守上文几点原则外,还应注意以下几点:

(1)要准确记音

撰写外国语言研究专著,务须准确记音,即便是有传统文字的语言,转写也存在不准确的问题。若语料不准确,研究的整体质量会受到严重影响。目前我国从事语言研究的学者中,记音能力优秀者不多,致使过去出版的一些语言专著在记音上未达到要求。

(2)要配备好的译员

做跨境语言调查研究,必须解决好语言翻译问题。翻译水平的高低,决定了调查成果的质量。比如,我们在记录老挝的西拉语词汇时,译员对许多词语的理解偏差导致了记录错误,尤其是一些方言词、不常用的词和抽象的词,容易出错。如"解手"一词,母语为老挝语的译员从字面上将之理解为"把手解开",让西拉人按此意翻译却造成了错误。又如"人中"(错译为"人的中间")、"落脚"(错译为"露出的脚")。

译员有两种,一种是母语是老挝语又兼用汉语,另一种是母语是汉语又兼用老挝语。这两种人优势不同,容易出错的地方也不同。一般来说,前者多错在对汉语的理解上;后

者多错在翻译上。

开展跨境语言研究,要招募优秀的译员很不容易。所谓优秀的译员,必须是两种语言都熟练掌握,还要具备一定的语言学知识,且能参与整个调查过程并积极工作。

(3)必须向被调查者说明来意,让他们领会调查其语言的价值和意义

到国外调查,当地人对我们都会感到陌生,可能会产生一些猜疑甚至误解,因此进入调查领域,一定要提前说明来意,拉近距离。当他们领会价值和意义后,就会尽力与我们合作。

(4)注意与跨境国家的合作者搞好关系

如何与发音人建立感情,如何安排好工作时间,都是必须仔细考量的。这其中应考虑到如何尊重他们,如何相互磨合以顺利完成调查任务。另外还有劳务费的发放、生活的安排等,都会有不同于国内调查的特点,不能完全使用国内的一套办法。

我们课题组成员在老挝调查时,都与发音人建立了真挚的感情,离开时都赠送小礼物,含泪告别。

8. 结语

跨境语言调查研究在国内外是近期新兴的研究领域,需要不断摸索、积累经验,建立一套中国特色的跨境语言调查研究方法。由于各国的情况不同,调查研究的方法既有共性又有各自特点,因此要努力探索不同国家的调查经验。

参考文献:

1. 戴庆厦主编,1993,跨境语言研究[M],北京:中央民族大学出版社。
2. 戴庆厦主编,2009,泰国万伟乡阿卡族及其语言使用现状[M],北京:中国社会科学出版社。
3. 戴庆厦主编,2009,泰国阿卡语研究[M],北京:中国社会科学出版社。
4. 戴庆厦主编,2010,泰国清莱拉祜族族及其语言使用现状[M],北京:中国社会科学出版社。
5. 戴庆厦主编,2012,老挝琅南塔省克木族及其语言[M],北京:中国社会科学出版社。
6. 戴庆厦主编,2013,泰国优勉(瑶)族及其语言[M],北京:中国社会科学出版社。
7. 戴庆厦主编,2015,跨境语言调查概论[M],北京:中国社会科学出版社。
8. 戴庆厦、陈娥、彭茹、桐柏、苏哲,2018,老挝普内语研究[M],北京:科学出版社。

作者简介:戴庆厦,男,中央民族大学荣誉资深教授,著名语言学家,兼任国家语言文字委员会咨询委员,中国民族语言学会荣誉会长。云南师范大学汉藏语研究院院长,特聘教授。云南大学客座教授,北京语言大学客座教授。研究方向:汉藏语系和语言学研究。电子邮箱:daiqingxia111@163.com。

应急管理：高校外语教师信息技术素养培育新视角

西安外国语大学　　　徐　斌

摘要：线上线下混合式教学已被越来越多地应用于高等教育外语课堂。在此背景下，教师的信息技术素养成为保证网络教学质量的关键因素之一。而社会公共紧急事件不确定性强，破坏性大，传统的教师信息技术素养的培育方式已无法应对紧急状态下的教学需求，因而对其进行重构和改进具有很强的现实必要性。本文首先分析了教师信息技术素养的内涵与建构方式，在此基础上基于"4R"应急管理理论，提出社会公共紧急事件下高校外语教师信息技术素养建构的新思路，并探讨了影响教师信息技术素养重构的三个其他因素，以期有效提升高校外语教师信息技术素养及其对社会公共紧急事件的应对能力。

关键词：高校外语教学；教师信息技术素养；应急管理

1. 引言

近年来国务院、教育部陆续颁布《2017 年教育信息化工作要点》《中国教育现代化2035》《加快推进教育现代化实施方案（2018—2022）》等教育政策文件，不断优化顶层设计，并明确提出"以信息化推进教育现代化""网络化、数字化、个性化、终身化的教育体系"的发展主线。信息技术已成为构建新时代高水平教学和人才培养体系的必由之路（李霄翔，2019）。目前，微课、慕课、远程双师直播、5G 全息互动直播等教育新模式不断涌现，正在加速重构外语课堂。然而，不论信息技术如何发展，在教学与技术深度融合的过程中，教师始终是连接技术与人的关键节点，教师的信息技术素养对于确保信息时代外语教育改革的成效至关重要。

外语教师专业知识构成各要素中有关信息技术的知识占比较少，针对信息技术技能的专业培训仍处于萌芽阶段（李毅等，2016）。外语教师的信息技术素养水平参差不齐，发展阶段差异巨大，极不平衡。从建构模式上来看，信息技术素养的培育贯穿教师专业发展的全过程，具有个性化、长期性的特征。线性积累的教师信息技术素养建构模式尚可应对常规教学，但一旦遭遇自然灾害、战争、人为事故、疾病暴发等大规模社会紧急事件，实体课堂需要迅速转至线上时，教师的信息技术应用能力难免应对不足，无法确保高质量的线上教学。

　　在此背景下,本文在分析教师信息技术素养的具体内涵与建构方式的基础上,以高校外语教师信息技术素养的建构路径为切入点,借助应急管理领域相关理论与概念,从预防、准备、应对和恢复四个维度,提出重构高校外语教师信息技术素养的新思路。此外,本文还呼吁教育管理部门将教师信息技术素养与教学能力建设提升到国家应急管理的高度加以重视,从而更好地指导学校参与社会紧急事件发生后的恢复与重建工作。

2. 外语教师信息技术素养的内涵与建构方式

2.1　教师信息技术素养的内涵

　　教师信息技术素养(Teacher's Information and Communication Technology Literacy, TICTL)是教师知识体系的重要组成部分,是教师在教学过程中对信息及通信技术(Information and Communication Technology, ICT)的整合与运用,内容包括ICT意识、知识、能力与伦理道德(何克抗,2016),是"教师在驾驭信息技术媒介方面所具备的较为稳定的内在品质与涵养"(赵婧、李永杰,2014)。以《国家高校教师技术能力指南》为指导,宋权华和于勇(2020)提出了"互联网+"时代高校教师信息技术素养体系结构模型(图1),具体而言,教师信息技术素养应涵盖意识与责任、知识与技能、设计与实施、教学评价、科研与创新等五个维度的内容。

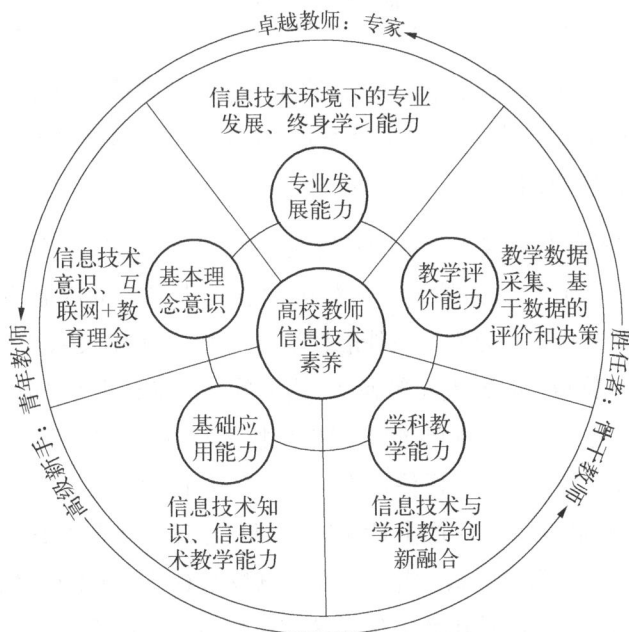

图1　高校教师信息技术素养体系结构模型

2.2　教师信息技术素养的建构路径

教师信息技术素养不仅内涵丰富,而且其建构过程贯穿教师专业发展历程的各个环节。已有研究表明,教师信息技术素养是一个由微观、中观与宏观因素互动建构、动态生成、强调实践的知识体系(表 1),其各要素在教师专业发展的不同阶段显示出高度的动态性和灵活性,并受到内外部多种因素的影响。

表 1　教师信息技术素养建构相关研究

建构方式	相 关 研 究	研 究 发 现
微观层面	Mishra & Koehler（2006） Gu *et al.*（2013）	TPACK 框架下,教师需具备对技术、教学法和学科内容知识进行有效整合的能力
	Apeanti（2016） Kim & Keller（2011） Tondeur *et al.*（2016）	教师对于信息技术的态度与教师教学信心、信念、自我效能感的建立有关,而教师态度又与所在学校的文化有显著关系
	董艳等（2019）	技术应用能动性是教师 TPACK 知识提升的内在动力来源
中观层面	Chai *et al.*（2011）	教师在备课过程中的教学设计是最能够体现教师信息技术素养各要素的环节
宏观	Kim & Keller（2011） Omwenga *et al.*（2015） Tezci（2011）	学校文化、政策支持将影响 TICTL 在教学实践中的运用;领导重视、软硬件设备先进并且有支持性政策,教师则更愿意将信息技术应用于教学

教师信息技术素养的定义与实证研究结果都表明,教师信息技术素养的内涵构成要素多样、要素之间互动复杂,是需要教师个人通过长时间学习积累并且在教学情境下不断实践才能建构完成的知识体系。

2.3　重构高校外语教师信息技术素养的必要性

徐锦芬、刘文波(2019)认为外语学科教师信息技术素养的内涵主要体现在情感认知、教学能力和社会文化三个方面。在外语教学过程中,教师不仅需要掌握信息化工具技能,包括检索、查找、剪辑、整合、发布等操作,熟悉各类信息技术及资源的特点,并且能判别其优点及弊端。另一方面,教师要能把握信息技术与具体教学环境之间的关联(Liu & Kleinsasser, 2015),并基于合理的评估标准,有选择、有目的甚至创造性地使用技术以服务于教学目标。张凤娟等(2015)通过 TPACK 四维度框架对大学英语教师信息技术素养的调研发现,大学英语教师在情感上普遍接受信息技术对于英语教学的促进作用,大学英语教师通过信息化教学策略、使用数字化教材或资源、运用基于信息技术教学的学生知识等三种路径交互建构,不断积累。

高校外语教师信息技术素养的内涵与建构都显示出，不论外语教师的信息技术素养由何种要素构成，其建构方式如何多样，其性质都是缓慢的线性知识积累过程，无法应对社会大规模紧急事件对教师信息技术能力提出的要求。突发公共紧急事件破坏性大、不确定性强，恢复与重建工作对时间与效率的要求极高。当不可预见的紧急事件一旦突发，相关部门都需要迅速投入应急响应程序之中，在紧急事件发生之后再制定预案、调配资源或是学习知识，都无法达到应急管理的紧迫需要。传统的外语教师信息化教学知识的建构范式无法适应恢复重建的迫切需求，必须将其纳入应急管理视域下重新审视。

3. 应急管理——外语教师信息技术素养建构新视角

随着人类社会全球化程度的日益加深，自然灾害、冲突与战争、传染性疾病暴发或其他人为原因引起的社会动乱，通常会导致大范围的社会生产停滞与人民生活停摆。为能从混乱中尽快恢复，世界各国都制定了较为成熟完备的公共危机应急预案。应急管理（Emergency Management，EM）概念在这一背景下应运而生。

国外学界对 EM 的研究已取得较丰富成果。美国学者 Heath & O'Hair（2009）最早提出危机管理"4R"理论，认为突发事件的应急处置程序可分为四个主要阶段：预防（Reduction）、预备（Readiness）、处置（Response）和恢复（Recovery）。基于"4R"理论流程，学界逐渐认同应急管理"预防（Mitigation）—准备（Preparedness）—响应（Response）—恢复（Recovery）"（Bumgarner，2008；Cao et al.，2017）为应急管理的基本步骤。我国学者李尧远等（2017）讨论了国家应急管理的意涵、标准与路径，认为国家应急管理能力是指"各级政府及职能部门与被动员起来的社会组织、私人部门、公民等在突发事件管理的整个过程中表现出来的素质和本领"，并提出以"一案三制"（包括总体应急预案、专项应急预案、部门应急预案、地方应急预案、企事业单位应急预案、大型活动应急预案，与应急管理的体制、机制和法制）作为国家应急管理现代化建设的思路。

预防阶段（Mitigation）即在一个相对长的时间内采取包括公众应急知识教育在内的各种预防措施以缓解或消除潜在风险，尽可能降低突发事件对人类生命和财产造成的危害。准备阶段（Preparedness）强调针对不同类型的风险提前进行的准备工作，通常包括两方面的内容：（1）针对不同类型的风险制定应急预案；（2）增强灾害发生时调动可用资源（包括技术支持、物资供应和救援力量）的能力。响应阶段（Response）要求政府或其他组织在风险事件发生之后能够采取迅速且有效的救援或控制行动。恢复阶段（Recovery）的主要措施包括：启动恢复计划，提供灾后救济，重建被破坏的设施，恢复社会生产和生活秩序，以及进行灾害和管理评估。

突发公共紧急事件的发生具有极高的不确定性与破坏性，其恢复与重建工作的紧迫性也极高，教师信息技术教学知识与能力的传统建构模式已无法应对紧急事件的发生与灾后重建,因此重新审视教师信息技术素养的建构过程具有现实必要性。而应急管理的相关理论则提供了极具应用价值的理论视角和实践依据。

4. 应急管理视域下高校外语教师信息技术素养培育路径重构

借鉴应急管理理论中的相关概念、要素、流程和模型,结合外语教学的特点,本文提出高校外语教师信息技术知识能力建构的新模型(图2)。该模型可分为知识与能力准备阶段、课堂实践阶段、应急响应阶段和反思提高阶段。

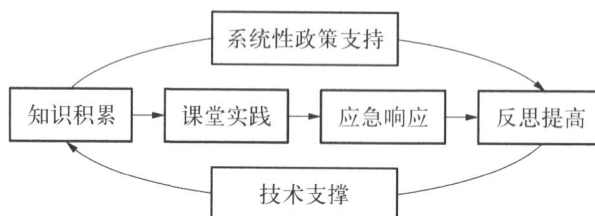

图 2　应急管理视域下高校外语教师信息技术素养建构路径模型

第一阶段,激活教师应急意识并将 ICT 技术应用于外语教学实践。应急管理视域下教师信息技术素养建构的重点内容是以应急管理为视角和切入点,在激活教师应急意识的基础上学习相关知识并培养其使用 ICT 工具进行教学的能力。参加各种形式的适合外语教学的信息技术培训,是这一阶段教师建构信息技术素养体系的基本途径。专业培训课程可以帮助教师在清晰的目标下,较为高效地学习各类教学软、硬件知识。各个学校的信息技术中心应在教务部门的协调下,全面负责具体的信息技术培训工作,设计、规划、实施符合学校教学定位、教师学习能力与硬件设备情况的信息技术学习方案,有计划、分阶段、系统性地助力教师掌握信息技术知识、提升信息技术应用能力。

第二阶段,以应急管理为目标,演练提高外语教师 ICT 实践能力。信息技术素养建构路径模型的第二阶段为课堂实践环节,包括整合信息技术的课堂实践与应急状态下如何使用信息技术进行教学的模拟演练。首先,教师通过不断训练,应能恰当使用信息技术工具,在充分分析语言学习者需求的基础上,对学习目标、内容、方法、策略进行设计,改善学生学习成效。其次,信息技术素养知识体系及其应用能力都必须在真实的教学情境中才能得以建构和提升,不断形成经验进而指导教学实践。教师将专业培训内容或自我学习的信息技术知识,经理解吸收后转化应用于课堂教学实践中,完成知识输入到输出的循环。经培训,教师应能以高度的社会责任感和应急管理意识,将信息技术知识、教学知识、应急管理知识整合应用于真实教学情境中,并进行全方位的应急模拟演练,以顺利完成教学任务。

第三阶段,快速响应应急需求,在紧急事件中实战。基于信息技术的应急响应是该模型的第三个环节,也是关键性的实战环节。通过前两个阶段的知识储备与模拟演练,一旦大规模紧急事件发生,教师能够迅速运用应急管理知识、信息技术知识和教学法知识,整合紧急状态下能够获取到的物质与技术资源,在各级教学管理部门的统一安排部署下,以最快的速度和充分的准备组织恢复课堂教学。此时,之前两个阶段对于信息技术的学习积累和模拟演练都会在实战中得到检验。

第四阶段,及时反思总结响应紧急事件应对过程中的得失经验,进一步提高教师运用信息技术应对紧急事件的能力。发现并记录应急准备、实践演练与应急响应等环节出现的漏洞与问题,总结经验以指导后续实践,不断改进提升,是 TICTL 建构路径模型第四环节的主要内容。应急响应时需要在尽量短的时间内以最高的效率完成紧急事件处置工作,在此种状态下,极大的压力、有限的资源、网络不畅与应急能力不足都可能严重影响应急状态下的教学效果。因此,在紧急事件的后期,对准备阶段、应急响应阶段出现的问题要有细致记录和全面反思,及时纠正失误并挖掘可以改进提高的细节,为应对潜在风险或紧急事件的再次发生做好全方位的准备。

本文提出的外语教师信息技术素养建构路径的新思路,是将信息化教学知识与能力素养的建构置于应急管理视域下,在政策的积极引导和不断更新的信息技术的支持下,形成"准备—实践—响应—改进"这一前后呼应、相互支撑、重在防范的教师信息技术教学知识与能力提升的新路径。教师信息技术体系建构的新模型也遵循重预防、勤准备、快响应的原则,不仅可运用于紧急事件发生后的应对,更可运用于非应急状态下教师信息技术教学素养与教学能力的提升。

5. 应急状态下外语教师信息技术素养重构的其他因素

应急管理理论视域之下对教师信息技术素养的建构,无疑还会受到宏观与微观、内部与外部诸多因素的影响。国家意识、政策引导和教学资源建设这三个因素对教师信息技术素养的建构发挥了积极促进作用。

5.1 应急状态下外语教师信息技术素养建构要以国家意识为价值引领

紧急事件发生后,教师在做好自我防护和救助的同时,还要胸怀国家意识和大局意识,积极响应国家与各级地方政府的应急管理政策。以强烈的责任心坚守岗位,认真听从各级教育部门的统一规划与指导,为恢复正常生产生活秩序贡献力量。高校外语教师不仅要关注紧急事件发展态势,还要在课堂教学中坚持正确导向,引导学生正确理解国家应对紧急事件的进展与成果。

5.2 应急状态下外语教师信息技术素养建构需要宏观与微观政策的协调支持

应急状态下开展教学离不开宏观与微观政策的协调与支持。宏观政策是由国家教育主管部门和各级省、市教育机关作出的决策性指导意见和实施方案。微观政策是各学校、院系、学科以及基层教研室,根据学科的性质特点制定的网络远程教学计划和方案。此类教学政策具有高度的灵活性和个性化特征。宏观政策与微观政策共同构成在线教学的指导意见体系,使得教师信息技术知识体系的建构及实践过程有章可循。值得注意的是,应急管理状态下宏观政策和微观政策的决策过程要及时有效,且制定过程不仅应"自上而下",还应兼顾"自下而上",即教学主管部门在制定政策时应根据应急事件的发展态势与危害程度作出全局性的把握与指导,同时也要能灵活应对教学一线的具体情境。

5.3 应急状态下外语教师信息技术素养建构需要丰富的教学资源辅助

内容丰富且有针对性的学科教学资源网站是教师进行教学实践、积累信息技术素养的重要辅助渠道。在线公益教学资源不仅在非应急阶段是教师备课的好帮手,在应急恢复阶段更是紧迫且必要的需求。然而目前我国优质公益网络教学资源较为缺乏。针对这一问题,教学管理部门应着重完善补充现有公益教学资源,同时支持第三方企业开发更多优质公益教学资源,为非应急阶段与紧急状态下顺利开展教学提供有力支持。

6. 结语

以信息技术为代表的现代科技在不同层面孕育着新型外语教育生态,同时也呼唤着高校外语教师从业素养和职业发展路径的开拓与升级(李霄翔 2019)。风险事件的发生难以预料、不可避免,灾后更要居安思危、未雨绸缪,增强忧患意识,变被动为主动,将教学各环节,尤其是教师信息技术素养的培育纳入应急管理理论视域下重新考量。

参考文献:

1. 董艳、和静宇、司刊的尔、徐唱,2019,促进 TPACK 知识提升的高中教师技术应用能动性研究[J],《中国电化教育》(10)。
2. 何克抗,2016,教育信息化发展阶段的观念更新与理论思考[J],《中国远程教育》(2)。
3. 李霄翔,2019,教育信息化与高校外语教师职业发展——挑战与对策[J],《中国外语》(16)。
4. 李尧远、曹蓉、许振宇,2017,国家应急管理现代化:意涵、标准与路径[J],《中国地质大学学报(社会科学版)》(3)。
5. 李毅、吴思睿、廖琴,2016,数字原住民教师和数字移民教师信息素养的差异性研究[J],《中国远程教育》(12)。
6. 宋权华、于勇,2020,高校教师信息技术素养:现状、困境与路径——以我国西部地区部分高校为例[J],《现代教育技术》(10)。
7. 徐锦芬、刘文波,2019,信息技术背景下的外语创新教学与研究[J],《外语与外语教学》(5)。
8. 张凤娟、林娟、贺爽,2015,大学英语教师 TPACK 特点及其发展研究[J],《中国电化教育》(15)。
9. 赵婧、李永杰,2014,信息技术素养:教师专业素养应有之义[J],《教育理论与实践》(14)。
10. Apeanti, W. O. 2016. Contributing factors to pre-service mathematics teachers' e-readiness for ICT integration[J]. *International Journal of Research in Education and Science* 2(1).

11. Bumgarner, J. B. 2008. *Emergency Management: A Reference Handbook*[M]. Santa Barbara: ABC-CLIO.

12. Cao, J., Zhu, L., Han, H., Zhu, X. 2017. *Modern Emergency Management*[M]. Singapore: Springer Nature.

13. Chai, C. S., Koh, J. H. L., & Tsai, C. C. 2011. Modeling primary school pre-service teachers' technological pedagogical content knowledge (TPACK) for meaningful learning with information and communication technology (ICT)[J]. *Computers & Education* 57(1).

14. Gu, X., Zhu, Y., & Guo, X. 2013. Meeting the "digital natives": Understanding the acceptance of technology in classrooms[J]. *Journal of Educational Technology & Society* 16(1).

15. Heath, R. L., & O'Hair, H. D. 2009. *Handbook of Risk and Crisis Communication* [M]. New York: Routledge.

16. Kim, C., & Keller, J. 2011. Towards technology integration: The impact of motivational and volitional email messages[J]. *Educational Technology Research and Development* 59(1).

17. Liu, M., & Kleinsasser, R. 2015. Exploring EFL teachers' CALL knowledge and competencies: In-service program perspectives[J]. *Language Learning & Technology* 19(1).

18. Mishra, P., & Koehler, M. J. 2006. Technological pedagogical content knowledge: A framework for teacher knowledge[J]. *Teachers College Record* 108(6).

19. Omwenga, E., Nyabero, C., & Okioma, L. 2015. Assessing the influence of the PTTC principal's competency in ICT on the teachers' integration of ICT in teaching science in PTTC in Nyanza region, Kenya [J]. *Journal of Education & Practice* 35(6).

20. Tezci, E. 2011. Turkish primary school teachers' perceptions of school culture regarding ICT integration[J]. *Educational Technology Research and Development* 59(3).

21. Tondeur, J., Forkosh-Baruch, A., Prestridge, S., Albion, P., & Edirisinghe, S. 2016. Responding to challenges in teacher professional development for ICT integration in education[J]. *Educational Technology & Society* 19(3).

作者简介：徐斌，男，西安外国语大学讲师，博士。研究方向：外语教师专业发展。电子邮箱：xubin@xisu.edu.cn。

镇江城市语言景观的现状调查与特色构建[*]

江苏大学　　徐　丹　任晓霏

摘要：本文结合 Scollon 和 Scollon（2003）的语码取向理论、Ben-Rafael 和 Ben-Rafael（2009）的语言景观构建原则，抽样调查了镇江市的四个代表性区域，解读了镇江市公共空间语言使用现状对语言政策和规划的反映情况和镇江市多语景观对城市国际化发展的体现度。结果表明，镇江市语言景观存在以下问题：顶层设计有待加强，语码使用失准，语码覆盖单一，城市特色不够显著。基于此，本文提出了构建镇江城市语言景观的策略：出台与语言景观建设密切相关的城市规划政策；推进语码使用的整齐规范，并提升双语/多语标牌覆盖率；倡导构建国际化与本土化高度融合的语言景观；参考国际化大都市经验，在语言景观建设中融入"精美"与"智能"元素。

关键词："美丽镇江"；语言景观；城市国际化；城市规划；特色构建

1. 引言

镇江市是江苏省著名的文化名城，历史悠久、底蕴深厚，是闲适宜居的中小型城市，在长三角城市群与江浙旅游城市中，既具有自身特色，又不乏典型意义。

2016 年，镇江市委办公室、市政府办公室联合下发了《精美镇江行动计划（2016—2018）》，提出在城市规划方面，打造整齐有序、实用便捷的空间布局，将镇江的历史脉络和文化特色融入城市景观。城市语言景观不仅折射出城市建设的功能性和规范化程度，也彰显了城市的地域特色和审美趣味，更是反映城市活力与国际化程度的重要指标①。2020 年，为响应党的十九大提出的"美丽中国"建设目标和江苏省委十三届八次全会对"美丽江苏"建设作出的部署，镇江市延续、深化和细化了"精美镇江"的城市发展愿景，出台了《关于深入推进美丽镇江建设的实施意见》。以习近平总书记的殷切寄语"镇江很有前途"为指引，镇江市提出建立对标国际的城市发展综合评价体系。具体到"美丽镇江"的城市发展愿景，《实施意见》明确指出了镇江市的"四美"发展目标，其中提到了"优化城

---

* 本文系 2020 年镇江市社科应用课题"镇江城市语言景观的现状调查与特色构建"（项目编号：2021SJA2076）、2021 年江苏省高校哲学社会科学一般项目"城市语言生态与语言服务研究——以镇江市为例"（项目编号：2020YBL020）的阶段性成果。

① 关于国际化城市的标准，本文主要参考全球化及世界城市研究网络（Globalization and World Cities Research Network，简称 GaWC）的评价体系中有关于城市文化、城市语言的论述。

乡规划与设计""提高城市功能品质""突出地域特色""塑造文化标识"等细则;与此同时,镇江市提出要以"人才"和"外资"来推进城市国际化、提高社会开放度等。这些要求都与城市的语言景观建设紧密相关。

本文抽样调查了镇江市的代表性区域,描写了镇江城市语言景观的现状,针对其中存在的问题提出了改善建议,为助力镇江传承"城市山林、江河交汇"的历史脉络、建设成为富有现代山水花园雅趣的魅力都市提供参考。

2. 文献回顾

2.1 国际研究现状

20 世纪 70 年代开始,国外学者开始零散地调查耶路撒冷(Rosenbaum *et al.*, 1977)、布鲁塞尔(Tulp,1978)、达喀尔和巴黎(Calvet, 1990)等地公共空间语言标志的使用情况。Landry & Bourhis(1997)首创"语言景观"一词,并将其概念明确为"公共场所的路牌、广告牌、街道名、地名、商店名使用的语言,以及政府机关大楼上的标识构成了某一特定区域、地区或城市群的语言景观"(Landry & Bourhis, 1997)。

此后,国际学界不断构建语言景观研究的理论框架(Gorter, 2006;Backhaus,2007;Shohamy & Gorter, 2008;Ben-Rafael & Ben-Rafael, 2009),并在世界范围内开展了广泛的实证研究(Reh,2004;Backhaus, 2005;Leeman & Modan, 2009;Taylor-Leech, 2012),内容涵盖英语传播、多语现象、语言政策、民族身份认同、民族语言活力及城市规划等热点议题,融汇多学科视角,持续向纵深推进。

2.2 国内研究现状

国内语言景观研究起步较晚,现有研究可概括为以下四类:国内外研究综述、论文集述评、理论与方法研究、案例研究。研究对象多为典型标牌。早期研究以理论介绍为主,自2014 年起实证性案例研究大幅增长,且主要以北上广等大城市为研究对象。案例研究的热点主要集中在如下主题:语言景观与语言政策的落差及原因(邱莹,2016);城市全球化及对本民族语言、文化、身份认同的影响(田飞洋、张维佳,2014);少数民族语言景观、濒危语言的传承和保护(杨金龙等,2018);语言竞争与社会变迁的交互影响(张媛媛、张斌华,2016)。

国际语言景观研究发展至今,存在语言景观分析单元的确定方法不统一、标注体系不完善、景观研究学者参与不足等问题。国内语言景观研究除了关注国外研究之不足,还亟须从中国视角开展理论建设与实证研究。具体而言,现有的城市语言景观研究案例数量和类型不足,对中小型城市的研究较少;对语言景观和社会语言生态的互动及原因探讨不够深入;从语言景观视角探究历史文化名城的现代性发展案例仅有杭州、苏州的零星案例,对镇江城市语言景观的研究尚属空白。

3. 理论框架与研究设计

3.1 理论框架

本文结合 Scollon & Scollon(2003)的语码取向理论和 Ben-Rafael & Ben-Rafael(2009)的语言景观构建原则,解读镇江城市语言景观的现状,并提出构建语言标牌的建议。

Scollon & Scollon (2003)的语码取向理论阐述了双语或多语标牌上各种语言之间的优先关系。本文在解读语言景观时,根据语码置放方式、字体和配色等来确定多语景观中的强势语码和优势语码。

Ben-Rafael & Ben-Rafael (2009)提出了语言标牌的创设原则,这些创设原则在不同语言标牌中的凸显程度不同。具体而言,官方标牌代表国家利益和民族意志,主要反映语言景观的"权势关系"。而私人标牌,尤其是商业标牌,注重激发消费者需求,因而强调"自我展示"和"理性利益"。"集体认同"侧重呼吁特定群体对某种政策或文化的支持与认可,因而同时出现在官方标牌和私人标牌中。

3.2 研究问题

语言景观是城市国际化的量化指标考量与内涵指标品鉴的交汇点,与"精美镇江""美丽镇江"的城市发展战略不谋而合:一个整齐有序、实用便捷、为世界各地来访镇江的人士提供便利的空间布局,能折射出镇江城市建设的国际化、功能性和规范化程度;一个个生动优美、充满镇江地域特色与审美趣味的城市语言景观群,能展现出政府的活力与市民的智慧。基于此,本文主要探讨以下问题:

第一,镇江市公共空间语言使用的现状如何?体现了怎样的语言政策和规划?

第二,镇江市多语景观对城市国际化发展的体现度如何?

第三,镇江市语言景观中存在哪些问题?如何构建与"美丽镇江"发展战略相匹配的语言景观?

3.3 抽样区域

本文对能反映镇江城市概貌、体现镇江城市特色的四个区域进行了集中考察,区域的具体情况如下:(1)镇江南徐大道区域:该区域是镇江市重要的行政单位所在地,语言标牌集中体现了政府意志,其语言景观能反映镇江城市公共服务水平,以及是否具有国际化和规范化特征。(2)大市口商圈街道和居民生活背街(以下简称大市口)区域:该区域是镇江历史最悠久、规模最大的商业中心之一,语言标牌的种类和数量齐全,其语言景观能反映镇江市的商业化水平,以及是否具有国际化和便利性特征。(3)西津渡区域:该区域是国家 4A 级风景名胜区,是历史文化名城镇江的"文脉"所在,语言标牌富有地域特色和文化魅力,其语言景观能展现出镇江的地域特征,以及是否具有美感、国际化和便利性特征。(4)江苏大学本部区域:该区域外籍人士数量众多,语言标牌服务的受众数量和类别丰富,其语言景观能展现镇江市教育中心是否具有国际化、规范化、便利性和创新性特征。

3.4 研究对象和方法

2020 年 7 月,笔者对四个抽样地区进行田野调查,使用相机和手机拍摄可视范围内的官方标牌和私人标牌;采用 Backhaus(2006)的"个体法",将每一个有明显边框的语言标牌作为一个计量单位,使用两种语言的标牌视为双语标牌,使用两种以上语言的标牌视为多语标牌。同一条街道同一家连锁商店的第二家分店表示相同内容的语言标牌不计入样本;文字不清晰或无文字内容的语言标牌不计入样本;语言标牌的每个面作为一个独立的研究样本。

本文采用 SPSS 23.0 对样本进行统计和描写。共收集到 806 个有效样本,其中,镇江南徐大道区域 81 个,大市口区域 506 个,西津渡风景区区域 120 个,江苏大学本部主要干道区域 99 个。标牌按语码组合分为汉语单语标牌、英/日单语标牌、汉英双语标牌、汉英+日/韩三语或汉英日韩四语标牌。

4. 镇江城市语言景观的现状调查

4.1 语码取向与语言政策、语言规划

四个抽样区域语言标牌的种类、数量和比例如表 1 所示:806 块语言标牌中,汉语单语标牌 688 块,占比 85.36%;英/日单语标牌 14 块,占比 1.74%;汉英双语标牌 100 块,占比 12.41%;多语标牌 4 块,占比 0.50%。汉语单语标牌使用频率最高,其次是汉英双语标牌。

表 1 四个抽样区域语言标牌的种类、数量和比例

区 域	汉 语	英语/日语	汉英双语	汉英日(韩)/汉英日韩	合 计
南徐大道	73	0	8	0	81
	90.12%	0	9.88%	0	100%
大市口	458	3	45	0	506
	90.51%	0.59%	8.89%	0	100%
西津渡	93	8	15	4	120
	77.50%	6.67%	12.50%	3.33%	100%

（续表）

区　域	汉　语	英语/日语	汉英双语	汉英日（韩）/汉英日韩	合　计
江苏大学	64	3	32	0	99
	64.65%	3.03%	32.32%	0	100%
合　计	688	14	100	4	806
	85.36%	1.74%	12.41%	0.50%	100%

各种语码在语言标牌中的出现频率如表 2 所示。汉语语码出现 792 次,占比 98.26%,其频次在各种语码中居绝对强势地位。英语语码出现 115 次,占比 14.27%;日语语码出现 7次,占比 0.87%,韩语语码出现 3 次,占比 0.37%。就外语语码而言,英语处于强势地位,是出现频率最高的外语语码;日语和韩语处于弱势地位,参与各类公共标牌构建的频率较低。

表 2　各种语码在标牌中出现频率

语　码	出　现　频　次	比　例
汉语	792	98.26%
英语	115	14.27%
日语	7	0.87%
韩语	3	0.37%

笔者根据 Scollon（2003）的观点,对双语和多语标牌中的语码取向进一步分析,结果如表3 所示。在双语和多语标牌中,汉语大多位于标牌上端或中心位置,字体醒目,是典型的优势语码。在西津渡风景区区域的语言标牌中,语码凸显性还通过字体大小、颜色等要素反映出来,部分汉字体现了传统书法艺术的魅力（示例见图 1）。在 100 块汉英双语标牌中,98.00%的标牌以汉语为优势语码。在多语标牌中,100%的标牌全部以汉语为优势语码。

表 1—表 3 的数据表明,汉语在镇江市多语景观中处于绝对强势地位;英语在外语语码中处于优势地位,是镇江市日常交流的第一外语;日语、韩语作为辅助外语,仅出现在旅游景点的多语指示牌中,日语一般出现在韩语之前（示例见图 2）。这些现象直接表明,镇江的"城市国际化"处于发展初期,外籍人士的国别和语言背景并不广泛,其中,能使用英语的语言族群处于人口数量的优势地位,使用日语和韩语的语言族群处于人口数量的劣势地位。

表3　双语及多语标牌的优势语码

优势语码	标牌呈现形式			
	汉语 （n=688）	英语/日语 （n=14）	汉英双语 （n=100）	汉英日（韩）/汉英日韩 （n=4）
汉语	100%	/	98.00%	100%
英语	/	78.57%	/	/
日语	/	/	/	/
韩语	/	/	/	/

图1　西津渡区域汉语语码的凸显性示例

图2　西津渡区域多语景观中的语码地位示例

汉语在各种语码中的绝对强势地位是由我国现行的语言政策决定的。《中华人民共和国国家通用语言文字法》（2000）第十三条明确指出："公共服务行业以规范汉字为基本的服务用字。因公共服务需要，招牌、广告、告示、标志牌等使用外国文字并同时使用中文的，应当使用规范汉字"。我国长期的语言规划也明确传达出推广汉字的精神，以激发民众对汉字的认同感和自豪感,增强民众对语言文字的规范意识并提高其对语言文字的应用能力。因此,凸显汉语语码在各类语言标牌中的重要地位,与我国的语言政策与语言规划高度一致。

在地方条例层面,近年来,生活在镇江的外籍人士数量不断增加,城市语言标牌有了一定的外语使用率,但比例较低,尚未达到"国际化都市"的标准。目前,镇江尚未结合地域情况对语言景观进行系统化的改造、丰富和创新。因此,镇江市多语景观呈现出的"汉语—英语—日语—韩语"这一语码地位的顺序,主要体现了国家语言政策与规划的指导原则。

4.2 多语景观与城市国际化

为进一步探究镇江市语言标牌对"城市国际化"的体现度,笔者以语码类型的分布特征为切入点,将语言标牌样本划分为官方标牌和私人标牌两大类,并进一步细化为不同小类,四个抽样区域语言标牌的种类及多语标牌比例的统计如表4所示。

结果显示,四个抽样区域的官方标牌中,路牌100%使用汉英双语语码,符合国际化城市的要求;但其他语种的语码均未出现。

标识牌、指示牌、建筑名和警示牌的双语和多语语码使用比例略高,分别为19.30%、13.64%、10.53%和10%。因此,镇江市现有的多语景观面貌已在一定程度上服务于非本国居民,主要帮助他们了解我国的国家意志和行政要求,体现出镇江市向国际化城市迈进的步伐。但汉语单语语码在上述几类官方标牌中仍占据绝对强势地位,反映出镇江市语言景观的语码构成仍较为单一,适应性、包容性有待提高,换言之,镇江市仍处在国际化城市的早期发展阶段。

展示牌、横幅/标语、布告牌的双语和多语语码使用比例都很低,均不足5%。这几类官方标牌主要服务于本国居民,对非本国居民的影响力很小,因此,这几类语言标牌以汉语语码为主。

笔者进一步分析各抽样区域的语码分布特征对城市国际化的体现,四个区域各有特色:南徐大道区域的标识牌中双语语码使用比例较高(示例见图3),达25%,其他各类官方标牌仅使用了汉语语码。南徐大道区域作为镇江市行政单位集中地,对于本国本地居民传递出国家意志与地方行政命令;对于非本国居民,则使用汉英双语标识牌引导其到达相应的行政单位办理手续。这种语言景观面貌反映出生活在镇江的外籍居民数量并不庞大,且他们并非经常性、迫切性地出入行政区域,即镇江的国际化程度还无法与国际大都市相比。

图3 南徐大道语言标牌双语语码使用示例

表4　四个抽样区域语言标牌种类及双语/多语标牌比例

| 标牌主体 | 官　方　标　牌 | | | | | | | | 私人标牌 | | 合计 |
类别地点	路牌	建筑名	展示牌	指示牌	警示牌	横幅/标语	标识牌	布告牌	店名	广告/海报	合计
南徐大道	7/7	0/1	0/10	0/16	0/2	0/15	1/4	0/21	0/5	0/0	8/81
	100%	0	0	0	0	0	25%	0	0	0	9.88%
大市口	11/11	1/1	0/5	9/91	0/14	0/13	0/16	0/9	24/234	0/112	45/506
	100%	100%	0	9.89%	0	0	0	0	10.26%	0	8.89%
西津渡	14/14	0/11	1/5	3/5	0/1	0/20	9/25	0/0	0/20	0/19	27/120
	100%	0	20%	60%	0	0	36%	0	0	0	22.5%
江苏大学	15/15	1/6	0/3	9/42	2/3	2/7	1/12	1/3	1/6	0/2	32/99
	100%	16.67%	0	21.43%	66.67%	28.57%	8.33%	33.33%	16.67%	0	32.32%
合　计	47/47	2/19	1/23	21/154	2/20	2/55	11/57	1/33	25/265	0/133	112/806
	100%	10.53%	4.35%	13.64%	10%	3.64%	19.30	3.03%	9.43%	0	13.90%
	87/408								25/398		
	21.32%								6.28		

大市口区域的各种官方标牌中,双语和多语语码的使用率均较低,除了路牌和建筑名牌,其他各类语言标牌基本只使用汉语。大市口作为镇江市最繁华的商业中心,是本地人最主要的购物休闲场所,因此语言标牌的本土化特征显著。近年来,镇江市的国际化程度有了一定发展,外籍人士在大市口活动的频率逐渐提升,但大市口区域的官方语言标牌服务于非本国居民的功能未能配套跟进,尚不能为非本国居民提供清晰的活动指示与便利舒适的购物休闲体验。

在西津渡区域,指示牌和标识牌这两类官方语言标牌的双语及多语语码使用比例较高,达60%和36%(示例见图4),小语种语码也出现在标识牌中。这一方面反映出镇江市正在逐步完善旅游区域语言标牌的国际化标准,面向世界

图4　西津渡风景区语言标牌双语语码使用示例

23

各地游客宣传镇江的著名景点,展现独特的文化魅力;另一方面,西津渡风景区在语码类型上已具备多样化特征,但在数量表征上尚未达到多样化要求,即镇江的城市国际化进程缓慢,语言景观的包容性、规范性和便利性仍有很大提升空间。

江苏大学本部区域,除展示牌外,其他各种官方标牌使用汉英双语的比例都相对较高(示例见图 5)。近年来,随着外籍人士数量的不断增加,江苏大学对校园语言景观也进行了多次完善。一方面,校园内的汉语语码覆盖了所有官方语言标牌,宣传国家的大政方针,彰显办学理念,为全体师生建立共同的价值观念和行为准则,发挥着激励、规范、导向和凝聚功能。另一方面,汉英双语标牌的大量使用,体现出高校希望唤起全体中外师生对我国国家战略和民族文化的理解和认同。江苏大学在紧跟国际化教学和创新潮流的同时,也对民族文化高度重视,其语言景观面貌展现出独特的文化魅力和较高的国际化水平。但江苏大学官方语言标牌的外语语码仍较为单一,尚未实现多语并存。

图 5　江苏大学语言标牌双语语码使用示例

四个抽样区域的私人标牌中,广告/海报全部以汉语单语标牌出现。江苏大学本部和大市口区域的店名设有汉英双语标牌,南徐大道和西津渡区域的店名则全部为汉语单语标牌。店名和广告/海报使用双语或多语语码,从微观角度展现了经济全球化和本土化的互动,城市多语语码的覆盖率体现出该城市在多大程度上有意识地吸引和服务外籍人士,主动跻身于世界经济舞台、参与国际竞争。

大市口商圈作为最繁华的商业区之一,汉语语码在私人标牌中居绝对强势地位,仅有少量汉英双语标牌,且翻译和书写不够规范,这类语言景观建设的滞后性在一定程度上折射出镇江的商家乃至市民的国际化意识不强,尚未能主动将非本国居民定位为一个特殊的消费群体。西津渡区域是外国游客活动较多的地方,本应有较多国际化商机,然而该区域的店名和广告/海报并未使用双语或多语语码,显示出镇江的商户国际化意识不强,尚未把招徕非本国居民视为商业往来的重要部分。

综上,镇江市语言景观的现状反映出镇江的国际化程度仍处于起步阶段,尚未建立与国际化城市相匹配的语言景观系统。双语和多语语码参与构建了具有最基本服务功能的官方语言标牌,但尚未深入生活的方方面面,其现代化、信息化、便利化程度仍需提高。镇江市外籍人士的人口比例不高,活动范围和频率集中而不广泛。城市的国际化进程中,多语接触现象随时都在发生,但是,除江苏大学外,其他三个区域的多语接触均处于发展初期,城市的本土化程度远高于国际化程度。

5. 镇江城市语言景观的特色构建

笔者基于"美丽镇江"的建设视角,借鉴江浙沪著名旅游城市杭州和国际化大都市香港的成功经验,从城市建设的功能性和规范化程度与城市的地域特色和审美趣味这两条线索出发,尝试提炼出镇江城市语言景观的特色构建策略。

5.1 镇江城市语言景观现状中存在的问题

5.1.1 顶层设计有待提高

城市语言景观必须服从国家语言政策与语言规划,同时须与地方城市规划政策保持一致。良好的城市语言景观需要高屋建瓴式的顶层设计,因此,地方政府在维护国家意志的基础上,应因地制宜,针对本地语言景观的构建和完善出台系统化的政策条例。

镇江处于国际化发展的初期阶段,"美丽镇江"建设是常态化、系统化、精细化的工作。如何将镇江的人文之美融入形态之美、生态之美当中,语言景观的构建是一个重要维度。未来镇江城市建设应尽快就语言景观建设出台更明确、更细化的政策条例;在一定时期内整改和完善现有语言景观;长期规划构建精巧实用、富有人文情怀的新语言景观。

5.1.2 语码使用失准

在官方标牌中,语码使用失准问题首先体现在"一路双名"现象上。比如"某某路",有的翻译成"XX Road",有的翻译成"XX LU";"某某街",有的翻译成"XX Street",有的翻译成"XX JIE";"某某巷",按照汉英对译标准,应当翻译为"XX Lane",但有的仅音译为"XX Xiang"(示例见图6)。"一路双名"现象表明不同权力机构在国际化和本土化之间存在竞争,由此导致翻译标准的不同。从共时角度看,城市交通管理者和外语学者提倡路名的通名部分应当英译;而地名学家和语言规划者强调路牌汉语拼写应遵从单一罗马字符拼写原则。从历时角度来看,同一权力机构在不同时期可能出台不同的政策法规,从而导致实施时衔接不当。上述原因都可能造成镇江市公共路牌不同译法并存的现象。

官方标牌的语码使用失准问题也体现在语码使用随意的现象上。如在大市口区域的标识牌中,"公共厕所(Toilet)"与"无障碍通道"的性质、功能相同,前者使用了汉英双语标牌,而后者只使用了汉语单语标牌(示例见图7)。因此,镇江市构建语言景观时,应形成同类标牌的统一范式,使同类官方标牌规范化。

图6　官方标牌语码使用失准示例："一路双名"

图7　官方标牌语码使用失准示例：同类标牌语码不统一

私人标牌的语码使用失准问题主要体现在"语言奢化"现象上。个别广告/海报滥用极限类词语，如"全球著名""全球唯一"等，命名与规模相去甚远。此类语言标牌虽符合语言标牌创设的"自我展示"原则，但也会导致"语言贬值"，影响顾客理解的准确性，不符合"理性利益"原则。

5.1.3　语码覆盖单一

镇江市语言标牌中，汉语占据了绝对强势地位，双语和多语标牌有一定的覆盖率，但仅局限于最基本的城市服务功能，对于"衣食住行游"各方面的指示、介绍都不够细致、便捷，远未达到国际化城市的标准。

目前，镇江市的外籍人士中，除了熟练掌握英语的群体，还有一定数量以日语、韩语为背景的人士（镇江市有一定数量的日资企业和韩资企业）。今后，随着镇江国际化水平的提高，会有越来越多的外籍人士来到镇江生活，如果英语以外的小语种语码仍极少出现在语言标牌中，难免令一些群体感到不便，也会在一定程度上削弱世界各地人士来镇江居住、工作、学习的意愿。

5.1.4 城市特色不够显著

一个高度繁荣、发达的国际化城市,其语言景观必然整齐规范、赏心悦目。目前,镇江市各类语言标牌在形态、颜色、尺寸、摆放位置等方面,缺乏统一标准,各类林林总总的标牌缺乏整齐划一的观感,在某些区域难免显得杂乱。例如,在大市口区域,一些广告/海报甚至只是手写标牌,且摆放较随意,不够精致美观。

镇江市的各类语言标牌尚未深度体现这座山水花园城市的特征,即缺乏富有镇江特色、令人眼前一亮的语言标牌;文字软实力和服务力度对"精巧实用"和"人文精神"并存的要求体现力度不够。如果能够将镇江市山水花园城市的韵味融入各类语言标牌的设计中,无疑是镇江城市规划的一大创举。

5.2 构建与"精美镇江"相匹配的语言景观实施建议

5.2.1 出台与语言景观建设密切相关的城市规划政策

杭州是江浙沪地区的著名旅游城市,2018年出台的《杭州市城市国际化促进条例》使杭州成为全国首个以地方立法形式推进国际化的城市。此后,杭州市对城市语言景观的优化、创设走在了全国前列。

镇江市可以借鉴杭州经验,从推进城市国际化的角度,就完善和构建语言标牌出台相关政策条例。这需要市政府统筹协调,制定有高度、有深度、有顺序、易操作的系列方案,前后政策实施应具有连贯性和可持续性,确保镇江市深化、细化"美丽镇江"这一战略发展目标,逐步实现官方语言标牌的规范化、功能化和便利性;鼓励私人语言标牌在规范、清晰的基础上突出个性和审美趣味。

相关条例应大力促进镇江不同区域的语言标牌各显功能、各具特色。例如,行政区域的语言标牌更应注重指示明确、语码使用准确、双语标牌广泛覆盖、多语语码种类齐全等,最大限度为居住在镇江的各国人士提供有效的公共服务。又如,旅游景区的语言标牌不仅应发挥指示方向、规范游客行为和介绍景点历史等常规信息功能,更应实现景区整体介绍和地图展示至少包含英语之外的常用小语种语码;景点标牌的文字介绍应分层分级,详略得当;语言标牌应融入古色古香的传统元素,使用具有厚重历史感的材料,配合具有古典韵味的中国书法题字,营造出极具文化韵味的语言景观等。

5.2.2 推进语码使用的整齐规范、提升双语/多语标牌覆盖率

镇江市应组织城市交通管理者、外语学者、地名学家和语言规划者实地考察、因地制宜,共同商定语言景观的构建细节。

如,官方语言标牌应统一汉英语码对译标准;同一性质、功能的标牌文字应统一语码使用标准。又如,性质、功能、内容完全相同的语言标牌,尤其是官方标牌,应大力提升双语/多语标牌覆盖,可根据语言标牌的重要程度、受众范围和影响大小,有层次、有步骤

地增加语码数量:第一层次为建筑名、指示牌、警示牌、标识牌;第二层次为展示牌、横幅/标语、布告牌。再如,私人语言标牌可在尊重商家意愿的基础上,分层次推进双语/多语语码覆盖率:首先鼓励大型商场、老字号商店实现店名、广告双语化;其次鼓励知名度高、有特色的商户参与城市语言景观改造;最后指导普通商户优化语言标牌。对于语言景观先行改造的商业区,应先设立示范街;其后推进全市商业区域的语言景观质量提升。除了提高英语标牌的覆盖率和标准化程度,还应逐步增加日语和韩语标牌的数量。未来应根据城市的发展状况,让一些必要的、常用的语种也参与到语言标牌的建设中来。

5.2.3　倡导构建国际化与本土化高度融合的语言景观

镇江城市语言景观的构建既要增加国际化元素,也要保持本土特色。对于本土特色较浓的语言标牌,"坚持本土"是第一要义,在此基础上实现文化融合,以满足各类人士的需要。

在全球化进程中,为进一步提升城市竞争力,应对语言景观进行国际化塑造。居住在镇江的外籍人士数量虽不多,但他们可以成为推进镇江城市国际化、完善城市语言景观的推手,市政府应调动他们的积极性,鼓励他们参与城市语言景观的构建和优化工作。

镇江城市语言景观的构建与改善,还应注意保持本土特色。在商业区,那些竞争力较强的老字号对本土文化特色的保持能激发消费者的归属感与"集体记忆",如"老凤祥""鼎大祥"等,不应随意对这些老字号标牌进行"洋化",以免破坏其原有的韵味。在旅游景区,一些凝聚镇江的历史文化特色、具有书法韵味的标牌,如西津渡的"一眼看千年"石碑、刻在元代石塔上的"昭关"二字,不可轻易对其进行"现代化"改造,而应充分保护这些体现城市韵味与雅趣的标牌,但可考虑在适当位置添加双语或多语标牌进行详细介绍。

5.2.4　参考国际化大都市范式融入"精美"与"智能"元素

香港特别行政区是公认的国际大都市,其语言景观不但符合我国总体的语言方针,更彰显出"两文三语"的地方语言政策;其语言标牌的双语覆盖度极高,且翻译规范;语言标牌在色彩、形态、位置方面带有深深的城市烙印。这些都值得镇江市学习和借鉴。

在主干道区域,香港的路牌顶端为行政区域名称,其下指示该区域的重要地点,且方向明确、设计统一、配色明快(见图8)。镇江的路牌优化,也可以先开展设计征集,进而统一内容和配色,在全国中小型旅游城市中率先试点。

在旅游景区区域,香港公园的路牌不但使用了汉英双语语码,而且用绿色突出公园的"生态"主题,还配有醒目的图标;其标识牌上常常出现"紫荆花"的绘图,时刻展示城市特色;其展示牌不但使用双语标牌,还增加了盲文功能;此外,游客只需扫一扫,就可以通过二维码和APP阅读更细致的景点介绍(见图9)。这些语言标牌的设计都体现出香港语言景观高度的规范化、便利化特征;不但富有地域美,而且包含现代智能元素。

镇江市可以参考这样的创意,把白蛇传传说、牛郎织女传说、梅庵派古琴、茅山古迹等地域文化元素设计为图标,融入路牌之中,增加语言景观的软实力;还可以把公众号、二维

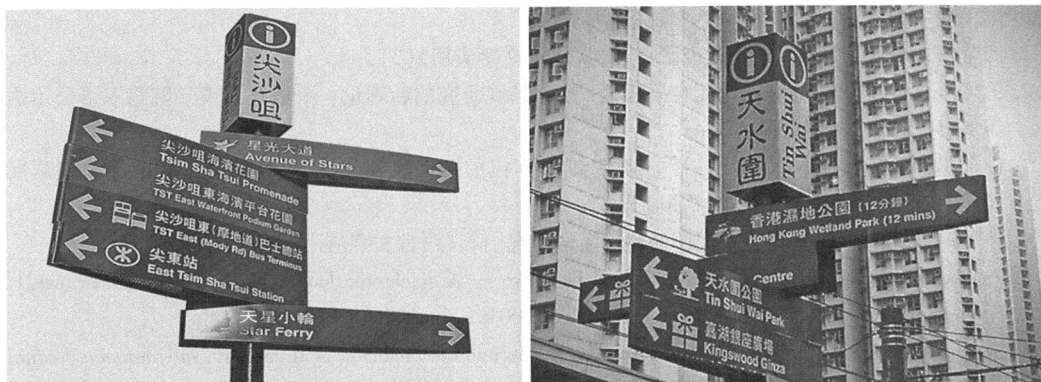

图 8　香港特别行政区语言景观示例：路牌

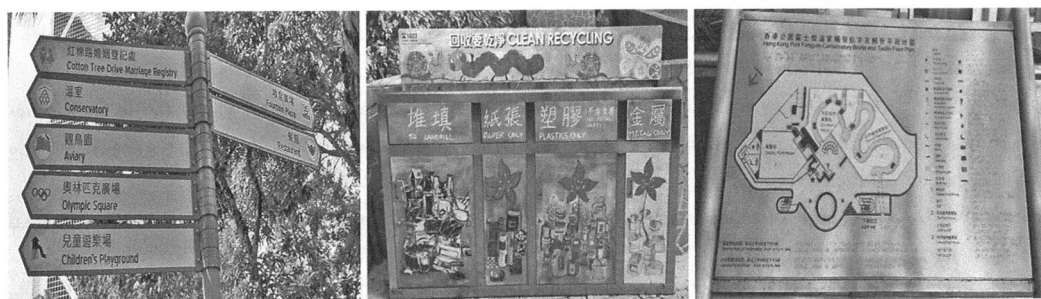

图 9　香港语言景观示例：香港公园路牌、标识牌和展示牌

码等元素结合到旅游景区的展示牌中，丰富语言景观的智能导赏功能。由此，"美丽镇江"战略可以贯彻到镇江城市语言景观的特色构建中，更能助力镇江打造成为有创意、有活力的魅力都市。

6. 结语

　　本文立足国内语言景观研究空白，搜集一手资料，调查镇江城市语言景观现状，为国内的城市语言景观研究增添案例类型，促进江浙一带历史文化名城的语言景观研究更加多样化、立体化，丰富中国沿海地区的语言景观语料库建设。结合"精美镇江"的城市发展规划，探索镇江城市语言景观中存在的问题，研究结果可为"美丽镇江"的落实提供建议，为把镇江建设成和谐宜居、富有活力、特色鲜明的现代山水花园城市提供决策参考，也能为长三角地区的中小城市以及江浙一带旅游城市的城市语言景观改造和优化提供借鉴意义。

　　未来研究应在镇江市更大范围内搜集更多样本，对镇江市语言景观的全貌进行更深入的探讨。在提出构建镇江市语言景观的建议时，还应广泛听取政府人员、城市规划专家、语言学专家和景观研究学者等多学科背景人士的意见，从而保证所提出的各项建议更加科学有效、更具实操性。

参考文献：

1. 邱莹,2016,上饶市语言景观调查研究[J],《语言文字应用》(3)。

2. 田飞洋、张维佳,2014,全球化社会语言学：语言景观研究的新理论——以北京市学院路双语公示语为例[J],《语言文字应用》(2)。

3. 杨金龙、沈骑、李卫峰,2018,"一带一路"战略下阿拉伯语言服务调查——以陕西、甘肃、宁夏回族聚居区的语言景观为例[J],《外文研究》(2)。

4. 张媛媛、张斌华,2016,语言景观中的澳门多语状况[J],《语言文字应用》(1)。

5. Backhaus, P. 2005. Signs of multilingualism in Tokyo — A diachronic look at the linguistic landscape[J]. *International Journal of the Sociology of Language* 2005(175 – 176).

6. Backhaus, P. 2006. Multilingualism in Tokyo: A look into the linguistic landscape[J]. *International Journal of Multilingualism* 3(1).

7. Backhaus, P. 2007. *Linguistic Landscapes: A Comparative Study of Urban Multilingualism in Tokyo*[M]. Clevedon: Multilingual Matters.

8. Ben-Rafael, M. & Ben-Rafael, E. 2009. The linguistic landscape of transnationalism: The divided heart of Europe[A]. In Ben-Rafael, E. & Sternberg, Y. (eds.). *Transnationalism*[C]. Leiden: Brill.

9. Calvet, L. J. 1990. Des mots sur les murs: Une comparaison entre Paris et Dakar[A]. In *Des langues et des villes (Actes du colloque international à Dakar, du 15 au 17 décembre)* (Vol. 73)[C]. Paris: Agence de coopération culturelle et technique.

10. Gorter, D. 2006. *Linguistic Landscape: A New Approach to Multilingualism*[M]. Clevedon: Multilingual Matters.

11. Landry, R. & Bourhis, R. Y. 1997. Linguistic landscape and ethnolinguistic vitality: An empirical study[J]. *Journal of Language and Social Psychology* 16(1).

12. Leeman, J. & Modan, G. 2009. Commodified language in Chinatown: A contextualized approach to linguistic landscape[J]. *Journal of Sociolinguistics* 13(3).

13. Reh, M. 2004. Multilingual writing: A reader-oriented typology—with examples from Lira Municipality (Uganda)[J]. *International Journal of the Sociology of Language* 170.

14. Rosenbaum, Y., Nadel, E., Cooper, R. L. & Fishman, J. A. 1977. English on Keren Kayemet Street[A]. In Fishman, J. A., Cooper, R. L. & Conrad, A. W. (eds.). *The Spread of English: The Sociology of English as an Additional Language*[C]. Rowley, MA: Newbury House.

15. Scollon, R. & Scollon, S. W. 2003. *Discourses in Place: Language in the Material World*[M]. London: Routledge.

16. Shohamy, E. & Gorter, D. 2008. *Linguistic Landscape: Expanding the Scenery*[M]. London: Routledge.

17. Taylor-Leech, K. J. 2012. Language choice as an index of identity: Linguistic landscape in Dili, Timor-Leste[J]. *International Journal of Multilingualism* 9(1).

18. Tulp, S. M. 1978. Commercials and bilingualism: A study into the geographic distribution of French and Dutch advertisements in Brussels[J]. *Taal en Sociale Integratie* 1.

作者简介：

徐丹,女,江苏大学文学院(语言文化中心)讲师,语言学博士。研究方向：国际中文教育、社会语言学。电子邮箱：16092376G@connect.polyu.hk。

任晓霏,女,江苏大学文学院院长、语言文化中心主任,教授,硕士生导师,文学博士。研究方向：国际中文教育、国际汉学传播。电子邮箱：1000002340@ujs.edu.cn。

新时期潮汕方言的家庭语言政策研究[*]

汕头大学　　方　帆

华南理工大学　　黄雅婷　雷　霄

摘要：潮汕方言是中国众多方言之一，近一段时间普通话的普及和英语教育的盛行对其发展造成了一定冲击。本研究从多语言融合背景探讨潮汕方言的使用现状和可持续发展。研究采用定量(问卷调查)和定性(访谈)的数据收集方法，对 250 名母语为潮汕方言的人士进行问卷调查，并对其中 17 人就教育背景、对潮汕方言的使用情况和态度进行访谈。研究结果揭示了潮汕方言在不同场合和群体中的使用频率、家长和学生对潮汕方言的掌握程度以及影响潮汕方言家庭语言政策的因素。尽管潮汕方言有衰弱的趋势，但大多数受访者对潮汕方言的继承和发展持积极态度。最后，本研究针对潮汕方言的可持续发展提出了相应建议。

关键词：家庭语言政策；潮汕方言；普通话；语言态度；语言教育

1. 引言

潮汕方言是古汉语的活化石，也是目前全国最古老、最特殊的方言之一，现在海内外使用人数约 2 000 万(林伦伦，2015；詹伯慧，2010)。尽管如今使用潮汕方言的人口数量众多，但在普通话普及、英语学习年轻化、语言教育政策制定等因素的影响下，潮汕方言的使用受到了一定的冲击。在多语言融合的趋势下，相比老一辈人，年轻人使用潮汕方言的频率明显下降，流利程度远不如上一代人。因此，潮汕方言的使用与发展在 21 世纪的今天更加值得研究，特别是对其在家庭和生活中的使用研究，可以为潮汕方言的发展提供借鉴。

政府近年来启动了"中国语言资源保护工程"，以保护方言和濒危少数民族语言，也取得了一定成效(田立新、易军，2019)，但是在实施过程中更加侧重于"保存"而没有重视方言的动态传承(曹志耘，2017)。实际上，语言的传承与发展单靠政府或学校是远远不够的，在启动宏观研究的同时应引导微观规划，从语言政策和语言规划层面对其使用现状及成因进行更全面的探究。微观层面的家庭语言规划就是宏观语言政策的延伸，它不仅能够反映出更高层级的语言政策在家庭层面的实施以及影响情况，同时也能为宏观政策

---

　　* 本文系教育部人文社会科学研究青年基金项目"家庭语言规划与身份文化认同的相互作用机理研究"(项目编号：21YJC740012)的阶段性研究成果。

的调整与修正提供真实可靠的依据。在多语言背景下探讨潮汕方言与文化的可持续发展,则是现阶段语言政策理论与实践,特别是家庭语言政策研究的一项重要工作(张晓兰,2017)。本文着眼于多文化交汇的当代,以多语言背景下的潮汕方言为观察点和切入点,探究父母语言意识、家庭语言管理与孩子的语言实践和语言意识形态之间的关系。

2. 文献综述

2.1 多语背景下的潮汕方言现状研究

作为全国最古老的方言之一,潮汕方言在传统上有着很好的传承。自20世纪90年代以来,随着汕头改革开放步伐的加快和普通话教育的推广,普通话、粤语、英语等语言愈加频繁地出现在潮汕人的生活中,潮汕方言在潮汕地区的主导地位有所动摇。目前潮汕方言的使用主要呈现以下两个特点:首先,潮汕方言在老一辈潮汕人的日常生活中仍占据着主要的使用地位,比如电视台播报本地新闻、公交车报站也依然保留了潮汕方言;第二,新一代潮汕年轻人对自己家乡方言的掌握程度已远不如其祖辈父辈,潮汕方言在潮汕地区的使用出现语言混杂现象,即多数青少年都以夹杂着普通话的潮汕话作为主要语言(陈凡凡,2013)并出现了一定程度的退化(刘慧、黎顺苗,2020),比如很多中小学生不能流利地使用潮汕话朗读一段课文或是一首古诗(林伦伦,2017)。

针对潮汕方言的传承"窘境"以及近年来国家提出的语言资源保护号召,学者和业内相关人士提出了许多建设性意见,可主要归纳为以下三个方面:第一,端正对潮汕方言的态度,激发潮汕年轻一代对家乡的自豪感(高洁仪等,2020)。应把潮汕方言传承融入课程教学,例如通过"教材型读本",如《潮汕文化读本》让孩子们认识精美绝伦的潮绣,激发学生对家乡的热爱之情(林朝虹,2020)。第二,发挥语言的文化载体功能,借助创新手段弘扬潮州歌册、民间故事和潮剧等文化形式以保护潮汕方言。如曾雯(2020)对潮汕方言童谣进行了二次创作,使其更具现代性。林佳婉(2020)指出虽然近年来出版了不少潮汕歌谣丛书,但是家长普遍对其了解较少。第三,开拓潮汕方言及文化传播新渠道,兼顾非潮汕籍方言学习者的需求,可以利用图文音视频兼备的手机应用程序来推送,同时在内容上要有所区分,潮汕用户对内容的需求是新颖,而非潮汕籍的学习者追求实用性和趣味性(谢静,2019)。

相比于潮汕方言发展的建议,目前对潮汕方言微观层面的研究相对较少,提及者也往往三言两语带过(刘慧、黎顺苗,2020),尤其是对于潮汕年轻人与其父辈祖辈在方言的使用上缺少比较研究,难以直观反映代际差异。另外,林伦伦(2017)提到对潮汕方言的保护主要在于发挥它的生活语言和文化载体功能,而当前学者们对此提出的建议主要集中在文化功能方面,潮汕话作为潮汕地区的生活语言,特别是家庭中长辈与晚辈如何进行方言传承这一部分内容鲜少被提及。由此可见,从微观层面研究如何保护方言意义重大。

2.2 家庭语言政策

King *et al.*(2008：907)将家庭语言政策(Family Language Policy)研究定义为"在家庭范围内家庭成员之间与语言相关的明确和公开的规划研究,即如何在家庭内部管理、学习语言,并协商达成一致的综合研究"。Spolsky(2003)将语言政策分为语言意识(人们对语言的认知、态度,并且认为应该如何使用语言)、语言实践(人们对语言学习和使用所做的行动)和语言管理(人们为维持和发展语言学习状态所采取的措施)。以上三类因素会对家庭语言意识产生直接或间接的影响,使人们制定相应的计划来学习和使用某一特定语言。与官方语言政策相比,家庭语言政策实施的范围更小。Spolsky(2003)认为官方语言政策只是处理省份或城市等层级的语言问题,其政策的制定实质上只是一个自上而下的过程。一直以来,国内外许多学者的研究都集中在官方语言政策或者从宏观层面研究某种语言的使用情况,对家庭语言政策的研究较少。家庭是社会的缩影,受到来自社会和经济发展的影响,反映的是一个更微观的社会经济文化环境。虽然家庭语言政策实施的范围更小,但是其对语言的使用和管理产生的影响却更深入。李英姿(2018)认为,除了官方语言政策,家庭语言政策这一非官方的、隐性的政策应当受到更多重视,因为家庭语言政策产生的影响更加隐蔽却更加持久有效。

由于家庭的社会性,对家庭语言保持(Language Maintenance)的研究就要涉及影响家庭语言政策的因素,比如学校教育、社会环境等。Curdt-Christiansen & Huang(2020)将影响家庭语言政策的因素分为两类,一类是内部因素,比如身份、情感、父母的观念和态度等;另一类是外部因素,比如语言地位、社会经济环境、社会政治环境等。因此,研究家庭语言政策不仅要考虑微观的家庭内部因素,还要考虑宏观的家庭外部因素。对于如何有针对性地保护方言,家庭语言政策比起官方政策考虑的因素更多。家庭可以作为如何制定语言政策的出发点,也是最能保证语言政策实施效果的场所(李英姿,2015)。现阶段,国内在家庭语言政策方面的研究在时间和内容上都落后于国外相关研究,但可喜的是,近年来已经出现一些对国内家庭语言使用的研究(王莲,2019;汪卫红、张晓兰,2019;张治国、邵蒙蒙,2018)。

总的来说,家庭语言政策研究是近年来国际应用语言学和社会语言学研究领域关乎语言保持较为热门的研究话题。然而,国内对于家庭语言政策的研究仍未引起足够的重视,家庭语言政策的实证研究更是少之又少。开展国内家庭语言政策研究,尤其是在历史底蕴深厚的潮汕地区,更加具有重要意义。因此,本文从语言政策和家庭语言政策的理论框架入手,结合 Spolsky(2003)提出的三个维度以及潮汕地区的发展现状,提出以下研究问题:

(1)潮汕方言在家庭层面的语言实践如何?

(2)影响潮汕方言的家庭语言意识的原因有哪些?

（3）潮汕方言的家庭语言管理和学生的方言使用有何特点？

3. 研究方法

本文采用定量与定性相结合的研究方法,通过问卷调查分析潮汕方言使用者的语言使用情况和语言态度;再辅以访谈法,用于验证统计结果,挖掘其背后原因。

3.1 调查对象

本研究的调查对象包括土生土长的潮汕人和移居到外地的潮汕人,所有调查对象的母语均为潮汕方言。调查对象的年龄段为 18—70 岁,这一年龄段的对象处于语言主用期和保持期,语言的吸纳能力和创新能力强,思维活跃,语言应用较为成熟,最能体现社会语言竞争的整体状况(李宇明,2016)。

3.2 调查问卷的设计及发放

本研究的问卷基于 Spolsky(2003)的家庭语言政策三维度,采用一份改编的家庭语言政策研究问卷(Schwartz,2008)。问卷共有两份,一份是针对家长的,另一份主要针对学生,两份问卷都包含个人背景信息、语言实践、语言意识等部分。其中语言意识部分采用李克特五度量表,3 分以上表示评价为正向,分数越高,正向评价越高;3 分以下表示评价为负向,分数越低,负向评价越高。

调查主要在潮汕地区展开,采用滚雪球抽样法,共回收有效问卷 250 份。同时我们提出假设:潮汕方言家庭语言意识(因变量)与调查对象(家长)的受教育程度、职业及对潮汕方言的掌握程度(自变量)有关。根据单韵鸣和李胜(2018)对受教育程度的分类,我们将受教育程度分为"本上""本下"两段:本科及以上属于"本上"段,本科以下属于"本下"段。对潮汕方言的掌握程度分为"听说都没问题""听得懂但不会说""听说都较差"及"听不懂也不会说"四类。随后运用 SPSS 对数据进行描述性统计和单因素方差分析。

3.3 访谈

在问卷数据的基础上,本研究采用追踪访谈法作为问卷调查的补充。为深度挖掘家长和孩子对潮汕方言的语言态度,半结构式访谈选取了接受过问卷调查的 17 位受访者,采用单独访谈的形式进行。

4. 调查结果分析

4.1 潮汕方言的家庭语言实践现状

问卷结果显示,潮汕家庭的日常用语都是以潮汕话为主,但是对不同家庭成员使用的语码比率有所差异。家长只使用或经常使用潮汕方言与父母、兄弟姐妹、配偶、子女交谈的总比例分别是 93.61%、87.94%、74.47% 和 65.96%;而学生只使用或经常使用潮汕方言与父母、兄弟姐妹交谈的总比例分别是92.66%和82.57%。

为了便于统计和分析,在家庭娱乐方式的语言选择上,我们分别用5、4、3、2、1个"+"号来表示语言选择的优先程度,"+"号越多表明优先程度越高(见表1和表2)。虽然日常用语是以潮汕方言为主,但是无论是家长还是学生,都是首选观看或收听普通话类的电视节目、广播节目和歌曲。原因可能是普通话作为我国官方语言,普及率更高,绝大多数电视节目、广播节目或者歌曲使用的都是普通话。而与极少观看或收听英语类节目的家长相比,学生除普通话类节目外的第二大选择是英语类节目,这在一定程度上说明了全球化以及英语作为世界语言带来的广泛影响。值得注意的是,在学生群体中潮汕方言类电视节目和潮汕歌曲的观看率和收听率都排在最后,说明年轻一代对潮汕方言类的电视节目或者潮剧都不太感兴趣。

表1 家长对娱乐方式的语言优先选择

	观看电视	听广播	听 歌	"+"号小计
普通话	+++++	+++++	+++++	15
粤语	++++	+++	++++	11
潮汕方言	+++	++++	++	9
英语	++	++	+++	7
其他语言	+	+	+	3

表2 学生对娱乐方式的语言优先选择

	观看电视	听广播	听 歌	"+"号小计
普通话	+++++	+++++	+++++	15
潮汕方言	++	+++	++	7
粤语	+++	++	+++	8
英语	++++	++++	++++	12
其他语言	+	+	+	3

而访谈得出的结论与问卷结果也较为一致,即在家庭内部以潮汕话为主,普通话为辅,家庭内部并不会刻意进行普通话教育。如受访者WJL(家长)提到:

他们在学校有读书的,普通话基本可以很好。我这两个孙子啊,我在家就跟他们讲家乡话了。

也有受访者提到,如果家里有祖辈的话,观看潮汕方言类电视节目与新闻或听潮剧的频率会比较高,因为老人普通话不够熟练,所以可能听不懂普通话类节目,但是在学生上学之后全家观看普通话类的节目是不可避免的趋势。

4.2　家庭语言意识

问卷调查结果显示,绝大部分家长对于潮汕方言的使用表现出积极的态度,有81.56%的家长表示"愿意学习或者推广潮汕话"。有71.64%的家长认为"为了方便孩子以后的交流、学习和生活,以及为了传承潮汕话,在家有必要与孩子说潮汕方言"。78.01%的家长认为"要想孩子学好潮汕方言,家庭语言环境很重要,所以父母有必要使用自己的母语与孩子交谈"。

学生们对于潮汕话的使用也抱有积极态度,有60.55%的学生认为"在家应该只说潮汕话",而44.04%的学生觉得"在家应该说潮汕话和普通话两种语言",仅有11.01%的学生觉得"在家应该只说普通话"。然而只有31.19%的学生觉得"学校需要教授潮汕话"以及26.61%的学生觉得"平时应该阅读潮汕话语言文字的书籍"。认为自己更擅长普通话的学生(54.13%)略多于认为自己更擅长潮汕话的学生(40.37%)。

问卷中大多数被调查者的潮汕方言使用流畅,并且也逐渐形成了传承潮汕话的意识,但是他们明显感觉年轻一代讲潮汕话不如上一代人。在17名受访者中,仅有两位学生受访者(HWJ, WHC)表示自己潮汕话比普通话流利,更善于用潮汕方言表达自己,在家几乎不讲普通话只讲潮汕话。而在访谈过程中,不少受访者也提到了衰退的原因。如学生受访者HYT表示,潮汕话自身有点难学,由于潮汕方言在潮汕地区的市与市甚至村与村之间都存在差异,因此也存在潮汕人之间互相听不懂对方潮汕话的情况,因此这在某种程度上限制了其向外推广。另一个原因是学习潮汕话的工具普及率较低,比如一些潮汕方言音义字典和词典的编写年代久远,鲜少被年轻人翻阅使用以学习潮汕方言字词的正确发音。

另外,有受访者认为潮汕方言的弱化或融合是社会经济发展、地区人口流动性增大的必然趋势。如学生受访者CL认为语言有自己的发展规律,有些现在很少使用的生僻的潮汕词可能现在又有其他更为常见的词语能够替代表达同样的意思,这样混杂着其他语言的潮汕话对方能够听懂,那么那些鲜少使用的潮汕词就没有必要担心它的消逝了。尽管如此,受访者仍然表示自己和下一代有必要讲好潮汕方言,因为潮汕方言让人感觉亲切、表达生动,如果孩子未来留在潮汕地区工作,掌握方言也有利,同时也是一种身份认同的象征和对历史文化的传承。有一位家长受访者LPF表示:

　　潮汕话作为潮汕文化的一个载体吧,潮汕人不一定要一直待在潮汕,但是自己的方言还是要会听会讲。

另外一位家长受访者 ZNS 也认为:

　　我们这边出生的孩子掌握潮州话的话,可以跟更多人交流,毕竟这里不是所有人都会说普通话的。我觉得多会一门语言对他们也是有帮助的。像她以后如果留在这里当公务员,会讲潮州话才能跟伯伯阿姨们更好地沟通。

4.3　影响潮汕方言家庭语言意识的因素

在探索家长的家庭语言意识方面,本研究对潮汕话的语言意识与家庭内部条件,包括家长对潮汕方言的掌握程度、家长受教育程度和家长职业展开单因素方差分析。根据问卷结果分析得知,家长对潮汕方言的掌握程度对潮汕话的家庭语言规划有显著影响($F=5.721$, $p<0.01$)。由此可以得出,家长个人的方言掌握程度是影响子女语言教育决策的关键因素。教育背景和职业类别与潮汕话家庭语言规划呈正相关,但是没有显著影响,F 值分别为 0.533 和 0.414。

在后续的访谈中,学生受访者 LPP 说到父母从小对她多语能力的培养:

　　(学)普通话的话应该是学校哦,应该说在学校的影响比较大,方言跟英语这一块是家庭影响比较大……可能是家里面爸爸妈妈都是高知分子,所以会对语言教学有一个比较多样、比较良性的培养。在选择幼儿园的时候,就给我选择了一个讲普通话并教英语的双语幼儿园,从小上的学校都是我们汕头市比较好的学校(笑)。

我国方言众多,不失为一种宝贵的语言资源。如果能够让儿童在生活中掌握方言的同时学习普通话,持续开发不同语言的学习能力,他们以后会更容易学会第三乃至第四、第五种语言,这是因为接触过方言的儿童在语言习得中积累了认知优势和语音意识的优势(许静荣,2017)。而家长潮汕话水平越高,意味着辅导孩子潮汕话的知识能力越高,对潮汕话的认同感也更高,也更支持对孩子进行潮汕话教学。

而通过访谈我们发现,祖辈与孩子的亲密程度对于潮汕方言的习得也有重要影响。大部分受访者的祖父母通常只会潮汕话,只能听懂但不会说普通话。那么祖父母与孩子接触时间越长,潮汕话输入量越多,孩子习得潮汕话的可能性越大。如学生 HZM,她在小学时随父母移居深圳以后,潮汕方言的表达逐渐不够流利,但为了和留在揭阳的听不懂普通话的爷爷奶奶视频通话,她会有意使用潮汕话,如果有不会表达的方言词语就请教父母。

然而,"特定交际空间内的多种语言接触必然会产生强势语言与弱势语言之间的竞争,功能上形成区分"(王莲,2019)。最终潮汕话极大可能只会局限于有老人在场时的家庭内部交流,所以潮汕话能否成为父母在特定场合下与孩子交流或对孩子进行教育时选用的家庭教育语言非常重要。家长受访者 WJL 表示,教育孩子主要还是父母的责任,作为祖父辈的他不便插手,所以不会有意去教他们。因此,潮汕话家庭语言使用情况既受到宏观语言政策、地方语言政策和学校语言政策等外部环境影响,也与子女语言习得、父母语言选择、家庭成员组织结构密切相关。

4.4 语言管理

问卷结果显示,家长最主要让孩子掌握的语言是普通话和潮汕方言,比例分别为87.23%和84.4%,其次是英语(42.55%)。语言管理与语言意识形态密切相关,由此可以看出家长比较重视在家庭域对普通话和潮汕方言进行代际传承。而语言能力是影响父母进行家庭语言管理的基本条件,家长个人的方言掌握程度是影响子女语言教育决策的重要因素。通过调查我们得知,63.83%的家长对于潮汕话的交流非常顺利,97.87%的家长的潮汕方言听说能力都没问题。近半数家长在使用潮汕方言时完全不需要借助普通话或者英语来辅助表达含义。虽然90.83%的学生认为自己的潮汕话听说能力都没有问题,但还是有75.23%的学生认为自己偶尔需要借助普通话或者英语来传达自己的意思。

在随后对学生的访谈中,学生群体使用潮汕方言呈现出两个特点,其一是受访者认为有时候用潮汕方言更能表达出自己的想法。对学生 HWJ 的访谈如下:

HWJ:在开玩笑的时候,觉得用潮汕话讲出来比较好玩搞笑。

研究者:为什么觉得好玩呢?

HWJ:用普通话说就少了很多"气势",这种土话说起来比较有感觉,更能够表达出我想表达的情绪,用普通话就少了点感觉。

另一个特点是讲潮汕方言需要借助其他语言。如学生受访者 CL 表示:

有一些词用潮汕话很难表达出来,就只能借助普通话,但还没有到英语这个层面……还有就是(我同学)他们有时候讲一些他们不经常用的潮汕生词的时候,他们经常是通过普通话的发音转换成潮汕话的发音。

其二是相较上一代人,学生会更少使用潮汕方言朗读书面文本,这也印证了林伦伦(2017)的结论,认为潮汕方言在书面语、文学方面确实出现了明显的退化现象。

5. 讨论与建议

总的来说,虽然家长对于潮汕方言的使用和传承大多持积极态度(即语言意识形态)并采取了积极行动(即语言管理),使潮汕方言在家庭层面的语言实践存在自然代际传承;而在孩子的语言实践中,普通话的强势地位显著,即普通话与方言时常出现混合,这一点值得关注。造成这种现象的原因主要有以下几点:首先是方言词汇的消亡和遗忘。随着经济社会的发展,不少传统风俗习惯、手艺及文化已经淡出了人们的生活,与它们紧密相连的潮汕"老话"也自然日渐消亡。此外,随着新事物的产生和普通话的推广,不少概念只能用普通话甚至英语表达,潮汕方言的语义覆盖出现了缺位。更重要的是,很多年轻一代真正使用潮汕方言的机会并不是很多,且使用领域狭窄,所用的潮汕话无论在语音、词汇还是语法层面都限定在一定范围内,许多孩童时代所掌握的"老话"由于长期不用而逐渐遗忘。这虽不影响交际使用,但从长远来看,对于方言作为一种语言和文化的传承是非常不利的。最后,普通话对方言生存空间也造成了压缩。虽然家庭和一些私密性小集体的内部使用的都是方言,但是,随着近年来普通话推广力度的加大,不少潮汕年轻人从上幼儿园起就开始接触普通话,而孩子在家对父母说普通话,父母和祖辈并没有强烈坚持对孩子说母语的意识,而是采取顺其自然的态度,在日常生活中也使用普通话而非本地方言,其结果自然是年轻一代对方言日渐陌生。

因此,"语言意识、语言管理"和"语言实践"之间有所脱节,潮汕方言的代际语言维持和传承将随着时间推移而呈现隔代递减的趋势。因此,父母在孩子上学以后坚持对孩子进行母语输入显得尤为重要。在访谈过程中,家长们普遍认为普通话在学校里掌握得比较好,在家不需要专门去讲。而由西悉尼大学—暨南大学联合双语研究实验室和其他大学开展的长达20多年的研究结果显示,孩子在校与同龄人的接触足以使其学好英语或其他主流语言,父母不必在家庭交流中以牺牲母语为代价让孩子练习使用其他语言。孩子同时习得多门语言不仅不会对孩子的认知和语言发展造成负担,反而可能起到积极作用(齐汝莹,2017)。另外我们发现,祖辈成为孩子学习潮汕方言的重要媒介,当祖父母作为稳定家庭语言成员时会提高潮汕话在家庭内部的使用比率。祖父母往往在保持本族语言、少数民族语言、家庭语言或继承语言方面起到关键作用(李嵬等,2016)。

在中国,普通话的主导地位(在教育和其他各行业)已经确立,而方言在日常生活中的使用已显现出逐渐弱化的趋势,尽管老一辈人对潮汕方言仍怀有特殊的情感,但随着时间的推移,使用方言的场合会越来越少,其生存和发展空间会受到严重压缩。在普通话普及与推广的过程中,出现了明显的方言萎缩现象,虽然普及与推广普通话有利于经济社会发展,有利于各方交流合作,有利于社会和谐稳定;但方言作为地方历史文化的活化石,承载着深厚的历史意蕴,其重要性不可忽视。因此,我们从以下两个角度为潮汕方言的可持续发展提出相关建议:

第一,通过多元形式实施方言保护与传承项目,提升国家语言应急能力。微观层面的家庭语言政策离不开政府对方言传承的支持。我国早在2015年开始启动"中国语言资源保护工程",开展方言保护、衰退语言抢救等工作,这是一项保护方言的重大举措,但仅有此类举措是不够的,王辉(2020)认为应急语言能力是一种特殊的语言能力,是指利用语言(文字)资源提供语言应急援助的能力。如社区基层团体的标语口号和音频广播用方言的宣传效果十分显著。在访谈中受访者也提到方言的实用价值,即掌握方言对孩子未来进入政府基层工作有利。如果将潮汕方言听说能力列入当地政府某些岗位的招聘条件,将应急语言能力与方言的社会资本价值相结合,则能有效提升方言的实用价值。

此外,在粤港澳大湾区的建设中,潮汕方言作为湾区的语言资源之一,对于塑造和陶冶湾区人文精神十分重要。因此,要将潮汕方言发展与湾区四大语言建设(语言文字使用问题、语言服务问题、语言应急问题和语言信息化问题)相结合,充分肯定和发挥其作为传统文化载体的功能与维系港澳台同胞和海外华人民族认同的纽带作用(李宇明、王海兰,2020)。

第二,采用"多语分用"的方式。"多语分用"的本质是"在'多语体'内构建一种分层分类的多语共存体系,使各语言、各方言之间形成主体和多样、高层和低层、正规和随意的多元互补关系,大家各司其职、各行其道,甚至相辅相成、相得益彰"(曹志耘,2017)。在调查过程中我们也发现家长和学生对于方言和普通话的功能有较强的区分意识:一方面,他们热爱本土方言,对潮汕话怀有情感归属和文化认同,这也是高洁仪等(2020)提倡的端正对方言的态度,不将其视为不好听的"土话";另一方面,他们又高度认同普通话在工作和学习生活中的实际地位和普适性。因此,在家庭语言中,只要父母不迁就子女,坚持用母语对话,母语就能传承。这比在社会环境中坚持推行母语可行性更高(陈保亚,2017)。虽然大多数潮汕籍老人的方言水平较高,对方言的热情也较高,但如今方言的传递实际上出现了隔代递减的趋势,因此需要鼓励家庭成员多交流,提高家庭内部的方言使用频率,从而提高下一代对方言的认可度和语言水平。家长在教育孩子时,也应有意识地提高孩子方言保护与传承的意识,使其努力实现方言和普通话学习的相互促进。

6. 结语

我国幅员辽阔,方言代表的是中国多元的地域文化,蕴藏着我国民族文化多样性的精髓。保护与传承方言,就是保护地方文化的多样性;保护与传承方言,有利于人类文明的传承与发展,也有利于营造和谐安定的社会环境。本文探究了在多语言融合背景下潮汕方言在家庭层面的使用现状,并对潮汕方言的可持续发展提出了相应建议。但本文也存在一定不足,如潮汕籍老年人的问卷数据较少,在初步访谈中与受访者的交流不够深入细致,可行性建议尚未得到落实等。

根据对国内外研究现状的综述分析以及对前人研究不足的思考,我们认为未来研究可大致从以下方向展开:对潮汕方言在不同类型家庭(如核心家庭、隔代家庭)中的使用情况进行针对性研究,并对潮汕方言可持续发展措施研究进行落地实践,从而科学验证措施是否具有普适性及对潮汕话的推广是否具有促进作用。

参考文献：

1. 曹志耘，2017，关于语保工程和语保工作的几个问题[J]，《语言战略研究》(4)。

2. 陈保亚，2017，家庭语言环境：传承母语的最后家园[J]，《语言战略研究》(6)。

3. 陈凡凡，2013，新时期方言区的语言生活[J]，《惠州学院学报(社会科学版)》(4)。

4. 高洁仪、马泽钦、陈纯敏，2020，论多元文化背景下的潮汕方言传承与发展[J]，《文学教育》(3)。

5. 李嵬、张天伟、李艳红，2016，语言与人口：计划生育政策及人口变化对语言和语言学的启示[J]，《语言战略研究》(5)。

6. 李英姿，2015，家庭语言政策研究迫在眉睫[N]，《中国社会科学报》，12月22日，第3版。

7. 李英姿，2018，家庭语言政策研究的理论和方法[J]，《语言战略研究》(1)。

8. 李宇明，2016，语言竞争试说[J]，《外语教学与研究》(2)。

9. 李宇明、王海兰，2020，粤港澳大湾区的四大基本语言建设[J]，《语言战略研究》(1)。

10. 林佳婉，2020，潮汕方言童谣传承与发展建设[J]，《文化产业》(18)。

11. 林伦伦，2015，潮汕方言历时研究[M]，广州：暨南大学出版社。

12. 林伦伦，2017，潮汕方言五问——基于语言资源保护工程的启动和开展[J]，《韩山师范学院学报》(4)。

13. 林朝虹，2020，地方优秀传统文化进校园的有效"链接"及实现路径——以《潮汕文化读本》为例[J]，《韩山师范学院学报》(5)。

14. 刘慧、黎顺苗，2020，粤东地区居民语言使用情况调查分析[J]，《语言文字应用》(3)。

15. 齐汝莹，2017，双语的优势：父母子女终身受益[J]，《语言战略研究》(6)。

16. 单韵鸣、李胜，2018，广州人语言态度与粤语认同传承[J]，《语言战略研究》(3)。

17. 田立新、易军，2019，中国语言资源保护工程的建设成效及深化发展[J]，《语言文字应用》(4)。

18. 汪卫红、张晓兰，2019，方言代际传承中的父母媒介转译行为[J]，《语言战略研究》(2)。

19. 王辉，2020，发挥社会应急语言能力在突发公共事件中的作用[J]，《语言战略研究》(2)。

20. 王莲，2019，贵州台江苗族家庭语言政策调查研究[J]，《贵州民族研究》(4)。

21. 谢静，2019，地方特色数字化学习资源设计策略——以潮汕方言为例[J]，《数字传媒研究》(11)。

22. 许静荣，2017，家庭语言政策与儿童语言发展[J]，《语言战略研究》(6)。

23. 曾雯，2020，方言歌谣的教育内涵及在音乐教育中的实践研究探讨——评《潮汕方言歌谣研究》[J]，《高教探索》(8)。

24. 詹伯慧，2010，广东汉语方言研究的回顾与展望[J]，《暨南学报(哲学社会科学版)》(3)。

25. 张晓兰，2017，家庭语言政策研究之过去、现在与未来 栏目引语[J]，《语言战略研究》(6)。

26. 张治国、邵蒙蒙，2018，家庭语言政策调查研究——以山东济宁为例[J]，《语言文字应用》(1)。

27. Curdt-Christiansen, X. L. & Huang, J. 2020. Factors influencing family language policy[A]. In Schalley, A. & Eisenchlas, S. (eds.). *Handbook of Home Language Maintenance and Development: Social and Affective Factors*[C]. Berlin: De Gruyter Mouton.

28. King, K. A., Fogle, L. & Logan-Terry A. 2008. Family language policy[J]. *Language and Linguistics Compass* 2(5).

29. Schwartz, M. 2008. Exploring the relationship between family language policy and heritage language knowledge among second generation Russian-Jewish immigrants in Israel[J]. *Journal of Multilingual and Multicultural Development* 29(5).

30. Spolsky, B. 2003. *Language Policy*[M]. Cambridge: Cambridge University Press.

作者简介：

方帆,男,汕头大学副教授。研究方向：社会语言学、应用语言学、语言政策与规划。电子邮箱：ffang@stu.edu.cn。

黄雅婷,女,华南理工大学在读硕士。研究方向：社会语言学和二语写作。电子邮箱：202020131932@mail.scut.edu.cn。

雷霄,女,华南理工大学教授。研究方向：二语习得、二语写作和英语教学。电子邮箱：flxlei@scut.edu.cn。

阿尔及利亚语言教育政策研究*

黑龙江大学　　丁辰宇

大连外国语大学　　张婧姝

摘要：阿尔及利亚语言生态经历了殖民统治期全面法语化、独立初期阿拉伯语化和 21 世纪以来多语化三个阶段,形成了目前阿尔及利亚社会内部阿拉伯语、阿马齐格语和法语多语共存的现状。虽然复杂的语言生态对阿尔及利亚语言教育政策的制定和实施带来多重挑战,但是语言教育政策作为国家官方语言政策和国家政治意识的重要体现,是阿尔及利亚政府维护民族团结、促进社会稳定、构建国家认同的重要手段。本文通过梳理阿尔及利亚语言教育政策的动态变化,从殖民、宗教和民族三个层面探究阿尔及利亚语言教育政策对缓解族群矛盾、促进民族团结、维护社会稳定等方面发挥的重要作用。

关键词：语言教育政策;阿尔及利亚;文化多元

1. 引言

　　阿尔及利亚是北非马格里布地区大国,在阿拉伯、伊斯兰世界和不结盟运动中均发挥重要作用,也是我国"一带一路"倡议在非洲落地的支点国家。2014 年阿尔及利亚与中国建立全面战略伙伴关系,成为首个与中国建立该关系的阿拉伯国家,推动了中阿之间多领域、深层次、全方位的合作。该国语言生态复杂,原住民阿马齐格人①使用阿马齐格语,后迁居至此的阿拉伯人使用阿拉伯语,由于法国一百多年的殖民统治,法语也成为阿尔及利亚的通用语。面对如此复杂的语言环境,阿尔及利亚政府在制定国家语言教育政策时必然考虑到语言冲突引起民族矛盾的可能,并通过语言教育政策平衡族群权益、缓冲民族矛盾、构建国家认同。

　　目前国内学者对于阿尔及利亚语言教育政策的研究相对较少,研究大多集中在马格里布地区国家的多语现象及"再阿拉伯化"语言政策,对阿尔及利亚语言教育政策及其作

---

　　* 本文系教育部人文社会科学研究青年基金项目"马格里布三国高等教育视角下语言规划和语言政策比较研究"(项目编号：19YJC740116)的阶段性成果。
　　① 阿马齐格人：也被称为柏柏尔人,是由阿拉伯语 بربر 音译而来。其原意有野蛮、未开化之意。根据目前国内北非语言政策和文化研究学者的普遍观点,大多将其翻译成"阿马齐格人",以减少可能出现的种族和文化歧视等消极影响,本文采用此观点,故将柏柏尔人和柏柏尔语翻译成"阿马齐格人"和"阿马齐格语"。

用的研究有待加强。本文从阿尔及利亚语言概况、语言教育政策发展及其现实影响等方面展开论述,探讨阿尔及利亚政府在制定和实施语言教育政策过程中,如何平衡族群矛盾和构建国家认同,并分析多语化语言教育政策对缓冲民族矛盾和解决社会问题等方面发挥的作用。

2. 阿尔及利亚语言概况

阿尔及利亚历史悠久,其东南部的塔西利·恩阿杰尔洞穴壁画显示早在公元前6 000年到2 000年已有人类文明出现。由于原住民阿马齐格人缺乏语言书写体系,他们未能留有书面历史记录。公元前900年左右,腓尼基人抵达北非并建立迦太基政权,开始与该地区的阿马齐格人进行密切的贸易和文化交流。公元前118年,罗马帝国入侵该地区,并于公元24年占领阿马齐格地区,开始长达近六个世纪的统治。随着伊斯兰教的创立,阿拉伯人以传播宗教为目的向外开拓疆土,于公元711年征服包括阿尔及利亚在内的整个北非地区。自此,由阿拉伯半岛移居至北非的阿拉伯人将阿拉伯语和伊斯兰教引入该地区,并对该地区的语言、宗教和文化产生深刻影响。阿拉伯伊斯兰政权对阿尔及利亚的统治只持续了四个世纪,随后便被纳入奥斯曼土耳其帝国的势力范围,直至19世纪沦为法国的殖民地,被法国殖民者统治一百多年。

阿尔及利亚曾受腓尼基人、罗马人、阿拉伯人、土耳其人、法国人等众多外来民族的统治,土著居民阿马齐格人长期处于被外族统治的境遇。多民族接触的结果之一就是可能出现语言和文化的借鉴与同化。阿马齐格语仅有口语表达形式,外来征服者的语言,尤其是法语对其产生深远影响,促成了如今阿尔及利亚的多语环境。阿拉伯人对阿尔及利亚的开拓,将伊斯兰教与阿拉伯语引入该地区,阿马齐格人自主或被迫选择皈依伊斯兰教。根据伊斯兰教教义,穆斯林只能使用阿拉伯语阅读和引用《古兰经》。伊斯兰教与阿拉伯语的紧密联系,创造了一个"符号共同体"(安德森,2011),阿拉伯语的语言地位由此得到提升。此外,阿马齐格人认为阿拉伯语本身比本民族语言更具优势,"由于阿马齐格语不具备书写体系,因此他们更喜欢使用可以书写的阿拉伯语"(Bentahila, 1983)。众多阿马齐格人使用阿拉伯语,并融入阿拉伯群体中。但由于地理隔绝,仍有部分阿马齐格部落保留本民族语言和文化,未被阿拉伯伊斯兰文化所同化,进而形成阿拉伯语与阿马齐格语共存的语言环境。

1830年法国以"扇击事件"为借口入侵阿尔及利亚(刘晖、于杰飞 2009),并于1849年全面占领阿尔及利亚,开始了长达一个多世纪的殖民统治。法国强制要求当地人学习、使用法语,旨在削弱阿拉伯语的影响,让新一代阿尔及利亚人忘记自己的历史和文化,剥离由阿拉伯语所形成的宗教和民族体系。同时,法国政府在各个领域积极推行法语,最终法语取代了阿拉伯语的强势语言地位,实现了对阿尔及利亚人的同化。自1962年阿尔及利亚独立,阿政府全面推行阿拉伯化语言教育政策,在多个领域强化阿拉伯语地位,希望消除法语对国民意识形态的影响。但由于历史原因,阿拉伯语、阿马齐格语和法语均在阿尔及利亚占据重要地位,成为当局制定语言教育政策时需要兼顾和平衡的重要因素。

3. 阿尔及利亚语言教育政策

语言政策涉及的众多领域中,学校是最重要的领域之一,因为学校教育所使用的语言往往是本国国语或官方语言。教师通常会强调语言的统一性,并使用得到国家认可的教育目标语言(斯波斯基,2016)。Cooper(1989)也在语言政策本体规划和地位规划的基础上增加了习得规划,重点关注语言教育政策。如前文所述,由于受到宗教、民族和殖民因素的影响,阿拉伯语、阿马齐格语和法语构成了阿尔及利亚的多样语言生态。因此,阿尔及利亚独立之后,受社会环境、民族问题和发展需求的影响,当局制定的语言教育政策也随之发生改变。

3.1 法式教育与法语化语言教育政策

法国是世界上最早关注语言意识形态的国家之一。几个世纪以来,法国通过制定语言政策、成立法兰西学术院等方式成功构建了法语意识形态优越感。法国很早以前就积累了通过语言管理促进民族团结和文化凝聚的经验,其对海外殖民地的治理理念是通过法语教育同化殖民地的居民(斯波斯基,2011),只有通过接受教育和习得法语,殖民地居民才能获得"文明人"的地位,否则只能被视为智力低下的族群。法国殖民统治阿尔及利亚之前,阿拉伯语在教育领域内长期占据强势地位。虽然当时并未形成现代教育体系,但依托清真寺、宗教学校等传统宗教机构对学生进行教育,通过教授《古兰经》让学生掌握阿拉伯语和伊斯兰文化。而法国开始殖民之后,便开始在教育领域推行全面法语化的语言教育政策。

法国殖民者将法式等级分明的世俗教育体系引入阿尔及利亚,取代本地以清真寺为主的经堂教育体系,限制阿拉伯语的教学和传播。法国殖民者清楚地认识到,如果想要将阿尔及利亚变为法国在非洲领土的一部分,除了依靠政治、经济和军事控制以外,最重要的是要在文化上彻底将新一代的阿尔及利亚人法兰西化。法国殖民者将阿拉伯语视为低级语言,认为阿拉伯语已无法适应现代社会的发展需求,禁止在阿尔及利亚境内任何学校教授阿拉伯语。同时,广泛宣传法语相较阿拉伯语表达更加准确、语法逻辑更加清晰,使其成为各教学阶段内唯一使用的语言。由此,阿尔及利亚人从小开始学习法语,成年人也为实现个人抱负放弃阿拉伯语转而使用法语。虽然法国殖民者在阿尔及利亚实施法语化语言教育政策,但阿拉伯语并未彻底消失,而是作为一门外语在当地学校中教授,彻底将阿拉伯语"外语化",削弱由阿拉伯语在当地人内部形成的民族认同。此外,法国殖民者在当地建立以法语为教学语言的宗教学校,清真寺禁止举行除宗教活动以外的事务,以此瓦解由伊斯兰传统经堂教育形成的阿拉伯伊斯兰认同,以便更好地实现法兰西化。

除此之外,法国还大幅减少当地教育经费投入,导致文盲数量增长。据统计,1897 年至 1919 年间,阿尔及利亚的教育经费仅从 33 000 法郎增长至 49 000 法郎(Nathan,1987),这与阿尔及利亚当时高速的人口增长率无法匹配。除了降低教育经费投入,法国殖民者还强制关闭当地传统宗教学校,导致偏远村落以及法式学校未能覆盖区域内的所有适龄儿童。在法国殖民之前,阿尔及利亚平均每个村庄有两所学校,但在殖民期间,阿尔及尔、君士坦丁和特莱姆森三座城市仅有三所学校(古萍,2014),国民教育严重倒退。同时,法国殖民者要求当地达官贵族将子女送到法国学习,他们成长于法国,受到法国的语言和文化熏陶,在潜移默化中形成法国文化认同。学成之后,他们重返阿尔及利亚,并自觉帮助法国殖民者在本国宣传法语及其文化。阿尔及利亚教育体系的严重倒退以及本地精英阶层的"法国化",使当地人无法产生反殖民主义的思想和独立意识,巩固了法国殖民者的统治。

3.2 原生语言复兴与阿马齐格民族问题浮现

法国殖民者充分利用阿马齐格人与阿拉伯人之间的民族差异,人为制造"卡比利亚神话",赋予阿马齐格人的民族属性以欧洲品质,一定程度上强化他们与法国人之间的联系。由于阿马齐格语在殖民统治初期尚未形成书写体系,法国殖民者根据法语的拼写规则帮助他们创造使用拉丁字母书写的阿马齐格语文字,竭力支持和扶植阿马齐格语使用者。这一方面强化了阿马齐格人和法国人在语言文字和文化渊源上的联系,另一方面也挑起了阿马齐格人和阿拉伯人之间的民族矛盾,从而达到"分而治之"的目的。

阿马齐格语的诞生强化了阿马齐格人的民族认同,在法国殖民者的鼓动下,他们逐渐产生了摆脱阿拉伯伊斯兰文化束缚、争取民族独立和独立建国的意识。在殖民时期,法国有意选择阿马齐格人担任政府要职,让他们逐渐适应并接受法语教育体系,成为法国殖民者"文化侵袭"的受益者和执行者。除阿马齐格语外,法语也成为殖民统治时期他们使用的主要语言,阿拉伯语逐渐被舍弃。法国殖民不仅成功削弱了阿马齐格人由阿拉伯语构建的阿拉伯伊斯兰认同,强化了他们对自我身份和民族的认同感,并利用他们与阿拉伯人之间的民族矛盾,人为制造阿马齐格问题,将其从阿拉伯伊斯兰文化圈中剥离;另一方面,阿马齐格人成为法国殖民统治中的受益群体,他们对使用法语和对法国的依赖程度不断加深,成为推行法语语言教育政策的有力助手,推动法国殖民者对阿尔及利亚的同化。

3.3 阿拉伯化语言教育政策与国家认同增强

语言学家费什曼认为,具有公认传统的国家在国家独立时会倾向于选择本土语言作为国语。伊斯兰教让阿尔及利亚拥有了共同的社会语言历史和文化传统,也为政府实施"阿拉伯化"政策奠定了基础。阿尔及利亚当局受"纳赛尔主义"影响,强调国家认同中的阿拉伯认同属性,其中使用阿拉伯语被视为建构这一认同的重要途径。阿尔及利亚受法国殖民统治长达一个多世纪,在其独立之初法语在公共生活各个领域(除宗教领域外)占据强势地位。国家独立之初,阿政府试图用阿拉伯语取代法语作为官方语言,削弱法兰西文化认同,并逐步恢复阿拉伯语构建的阿拉伯身份认同。因此,阿政府迅速制定"阿拉伯化"语言政策,在1963年宪法第四条规定"伊斯兰教为国教",第五条规定"阿拉伯语为国家的民族和官方语言",并且在教育领域开始"去法语化"进程,力图恢复阿拉伯语"文明语言的尊严和有效性"。[②]

在教育领域内,阿政府投入大量的人力、物力,以期迅速恢复系统性的阿拉伯语教育体系。独立之初,由于国内严重缺乏精通阿拉伯语的教师,同时大量欧洲教师离开阿尔及利亚,本地各级教师数量无法满足当时的教育需求。为了实现教育领域全面阿拉伯化的目标,艾哈迈德·本·贝拉(1963—1965)从埃及雇佣约1 000人来当地教授阿拉伯语。胡阿里·布迈丁(1965—1978)及其后继者沙德利·本·杰迪德(1979—1992)执政时期,在教育领域内施行较为激进的"阿拉伯化"政策,以期在全国范围内迅速推广使用阿拉伯语。1968年,布迈丁提出不懂阿拉伯语的人禁止在国家机关内部任职,在宪法和教育法令中也强调,要发展阿拉伯语,使其适应并参与科技文明,只有通过在全国一切领域,无论是思想还是技术领域,全面推行使用阿拉伯语才能实现。[②]

在60年代末,马格里布三国语言专家合作制定阿拉伯语教学词汇,为该地区中小学教学词汇制定标准并划定范围。该标准为阿尔及利亚初等教育阿拉伯化的顺利开展提供有力支持,也助力阿尔及利亚的教育体系融入阿拉伯世界,强化阿尔及利亚人对阿拉伯身份的认同。1976年阿尔及利亚进行修宪公投,以91.8%的赞成票通过《1976年宪法》。该宪法规定伊斯兰教为国教,阿拉伯语为唯一官方语言,政府有义务推广普及阿拉伯语。阿尔及利亚该时期所有小学一二年级完全使用阿拉伯语作为教学语言,从三年级起将法语引入教育体系。进入初中阶段,科学课程以法语授课,其余课程或完全使用阿拉伯语,或使用阿法双语授课。但阿拉伯化语言教育政策并未完全在大学课程中实现,尤其在理工类课程中。这是由于理工类课程有大量学术术语是阿拉伯语词汇无法完全表述清楚的,因此,理工科学生在大学期间大多接受法式教育,只有部分人文社科类专业才使用阿拉伯语作为教学语言。

全面阿拉伯化的语言教育政策导致阿尔及利亚阿马齐格语和阿马齐格文化逐渐边缘化,从而引起1980年阿马齐格人反政府示威游行。但阿政府并未正面回应他们的诉求(李宁,2013)。2000年1月,在厄立特里亚首都阿斯马拉召开的题为"排除万难:进入21世纪的非洲语言和文学"会议通过了《非洲语言和文化宣言》,该宣言呼吁非洲各国加强

---

② 资料来源:阿尔及利亚宪章. 载阿尔及利亚民族解放阵线党第一次代表大学文件集. 世界知识出版社,1965.

对本国语言资源的保护,非洲语言的多样性是非洲团结的一种媒介(斯波斯基,2011)。次年,阿尔及利亚东部阿马齐格聚居区再次爆发动乱,引发"黑色春天"事件,他们要求阿政府重视少数族群语言和文化,在宪法中将阿马齐格语确立为官方语言之一。2002年4月8日,阿尔及利亚通过宪法修订案,阿马齐格语成为阿尔及利亚官方语言之一。③ 同时,阿尔及利亚政府积极筹建阿马齐格国家规划中心和阿马齐格语教育中心,旨在将阿马齐格语纳入国家语言教育体系进行调研并制定实施计划。随着阿马齐格语成为阿尔及利亚官方语言,并被逐步纳入国家教育体系,阿尔及利亚语言教育政策由单一阿拉伯语化逐渐向多语化语言教育政策转变。

4. 阿尔及利亚语言教育政策评述

阿尔及利亚语言教育政策经历了法国殖民统治时期的"法语化"阶段、国家独立初期的全面阿拉伯化阶段和21世纪以来的多语化阶段,其语言教育政策的制定与实施在不同阶段的变化主要受殖民、宗教和民族这三方面因素的影响。

从殖民统治方面来看,法国在殖民统治期间实行全面法语化政策,导致该时期阿尔及利亚语言教育政策呈现法语化的特征,使得阿尔及利亚彻底沦为法国在海外领土的自然延伸。法国在文化层面上对阿尔及利亚阿拉伯人进行同化,削弱由阿拉伯语和伊斯兰教建构形成的阿拉伯伊斯兰文化认同。同时,法国殖民者通过支持和鼓励阿马齐格语的使用,人为制造阿拉伯人和阿马齐格人的民族矛盾,以巩固殖民统治。法国殖民者一方面通过推行法语教育、削弱传统宗教学校以及对阿拉伯语污名化等方式缩小阿拉伯语在当地的使用范围,使阿尔及利亚人自觉融入法国文化圈,实现更深层次的文化殖民;另一方面通过建立阿马齐格语言体系,强调阿马齐格语在当地教育领域中的语言地位,唤醒阿马齐格人的自我身份认同,实现激化民族矛盾的目的,强化法国在阿尔及利亚的殖民统治。法国殖民统治虽已结束,但阿尔及利亚现代教育体系和语言教育政策基本上是由法国殖民者建立健全的,同时阿尔及利亚本地精英阶层也基本受过法式高等教育,法国教育和文化对他们的思想意识产生了深刻影响。法国在政治和军事领域内的殖民统治影响可以依靠革命清除,但语言和文化对阿尔及利亚人民精神层面的影响在短时间内无法消解。阿政府自独立以来就将提高阿拉伯语语言地位、制定实施相关的语言教育政策作为国内教育改革的重点内容,但直至今日,法语仍然是当地的一门重要外语,在教育体系中留存。

从宗教信仰方面来看,宗教被视为导致语言变革和语言扩散最强大的力量之一(斯波斯基,2011)。伊斯兰教对语言的影响是巨大的,因为伊斯兰教认为只有阿拉伯语才

---

③ 资料来源:柏柏尔语被确定为阿尔及利官方语言[EB/OL]. http://news. sina. com. cn/w/2002-04-08/2132539278.html,2020.

是伊斯兰教唯一的宗教和学术语言,伊斯兰教要求所有信徒每天使用阿拉伯语进行五次礼拜,进而强化伊斯兰教与阿拉伯语之间的联系。阿尔及利亚作为一个伊斯兰国家,阿拉伯语伴随伊斯兰教的传播对其居民的生活和思想产生深远影响。法国殖民者占领阿尔及利亚之后,所面临最大的社会文化压力就是由伊斯兰教和阿拉伯语在当地所形成的民族和文化认同。法国殖民者制定的全面法语化运动未能完全消除伊斯兰教和阿拉伯语在阿尔及利亚的影响,只要人民还继续信仰伊斯兰教,依托宗教建立的阿拉伯语教育体系就不会彻底终结。独立初期,阿尔及利亚政府制定的国家发展重点就是彻底摆脱法国殖民主义的文化控制,消除法国文化"遗毒",竭力恢复阿尔及利亚的民族和文化遗产。阿尔及利亚民族主义领导阶层在重构国家认同时,最想恢复的便是阿拉伯伊斯兰认同,其所实施的政策为阿政府恢复阿拉伯语在教育体系中的主体地位以及推行"再阿拉伯化"奠定了坚实的历史和文化基础。伊斯兰教对于阿尔及利亚维护民族文化遗产、推动国家独立运动、加速去殖民化进程及重建国家认同意识形态等方面发挥了关键作用。

从民族矛盾方面来看,众多被殖民国家在获得国家独立后会继续使用殖民语言作为国家官方语言,其原因在于新政府无法不偏袒地选择国内任何一种民族语言作为官方语言。从阿尔及利亚历史来看,公元 702 年阿拉伯人占领阿尔及利亚领土,但阿马齐格人与阿拉伯人之间相处较为融洽,未出现较大的民族矛盾。同时,在两民族的接触过程中,阿马齐格人还选择皈依伊斯兰教并使用阿拉伯语。但是,法国殖民统治者利用阿马齐格人与阿拉伯人的民族差异,人为制造"阿拉伯人与北非土著二元对立"的历史分析框架(高杰,2018),在文化层面将阿马齐格人从信仰伊斯兰教的穆斯林群体中分离出来,帮助他们建立阿马齐格语言规则,辅以法式教育让阿马齐格人与法国人更加亲近。在法国殖民统治时期,大部分阿马齐格人都使用法语,很少有人继续学习和使用阿拉伯语。受法语化语言教育政策影响,独立后的阿尔及利亚在国家语言政策制定和选择方面出现法化派和阿化派,主要矛盾体现在选择法语还是阿拉伯语作为国家的官方语言和教育语言。最终,阿化派赢得了国家独立后的语言选择角斗,但为了强化国家认同中的阿拉伯伊斯兰属性,阿政府推行较为极端的阿拉伯语单一语言政策,在阿马齐格人聚居区内强制推行阿拉伯语教育政策,禁止使用和传播阿马齐格语,旨在将殖民时期受法兰西化影响的阿马齐格人重新阿拉伯化,这无疑被阿马齐格人视为另一种文化同化政策。由于一国语言教育政策的制定与实施大多受政治和官方语言政策的影响,阿政府施行全面阿拉伯化的语言教育政策对阿马齐格人刚刚建立起来的语言体系造成侵犯和压制,忽视了阿马齐格人作为阿尔及利亚少数族群维护民族和文化独特性的权利,让阿马齐格问题不断酝酿和发酵,并直接导致独立后阿马齐格人与阿拉伯人之间多次爆发冲突,对阿尔及利亚社会稳定和国家发展造成负面影响(黄慧,2012)。随着"一个国家,一种语言"的观点开始被语言人权论取代,许多国家开始重视国内少数族群的语言权利,逐步削弱对本国少数民族语言的排斥思想。在阿马齐格人的抗争和努力下,阿政府在宪法中将阿马齐格语确立为官方语言之一,并逐步将阿马齐格语纳入国家语言教育体系中。同时,随着阿政府逐步提高国内少数族群语言、政治及文化权利,并将文化多元性纳入国家建构步伐中,长期阻碍阿尔及利亚国家发展的国内民族矛盾也在一定程度上得到了缓解。

5. 结语

语言作为一种符号工具,承载着政治和族群权利。语言教育政策的制定和实施不仅体现了国家官方语言政策的意识形态,同时还展现出政府对维护少数族群权益、倡导国家多元文化以及构建国家认同的态度导向。阿尔及利亚有着较为复杂的语言生态,不仅有从历史传承而来的阿拉伯语和阿马齐格语,还有由殖民统治而强加的法语。阿尔及利亚的语言教育政策深刻影响着国内的民族问题,在法国殖民统治者推行法语化语言教育的同时,阿马齐格人的民族身份意识开始觉醒。在这一时期,阿马齐格问题凸显出来。在独立初期,由于阿政府过分强调国家认同的阿拉伯伊斯兰属性,主张全面阿拉伯语化的语言教育政策,忽视了对阿马齐格人语言和历史文化的保护,未给予他们应得的民族和政治权利,导致民族矛盾在这一时期加剧。随着阿马齐格问题的不断恶化,阿政府开始推行多语化的语言教育政策,将阿马齐格语确立为国家官方语言之一,并将其逐步纳入教育体系中。通过重视少数族群语言文化和支持多元文化等方式,阿政府缓解了国内民族矛盾日益激化的趋势,为促进经济繁荣、维护社会稳定奠定良好的基础。

参考文献:

1. 高杰,2018,阿尔及利亚再阿拉伯化研究——以语言的再阿拉伯化为例[D],北京外国语大学。

2. 古萍,2014,马格里布地区语言问题研究[D],上海外国语大学。

3. 黄慧,2012,中东剧变中的阿尔及利亚政局透视[J],《阿拉伯世界研究》(2)。

4. 李宁,2013,摩洛哥官方语言政策变迁背景分析[J],《阿拉伯世界研究》(3)。

5. 刘晖、于杰飞,2009,阿拉伯语在阿尔及利亚的发展及现状调查[J],《阿拉伯世界研究》(4)。

6. [美]本尼迪克特·安德森,2011,想象的共同体(增订版)[M],吴叡人译,上海:上海人民出版社。

7. [以]博纳德·斯波斯基,2011,语言政策——社会语言学中的重要论题[M],张治国译,北京:商务印书馆。

8. [以]博纳德·斯波斯基,2016,语言管理[M],张治国译,北京:商务印书馆。

9. Bentahila, A. 1983. *Language Attitudes among Arabic-French Bilinguals in Morocco*[M]. Bristol: Multilingual Matters.

10. Cooper, R. L. 1989. *Language Planning and Social Change*[M]. New York: Cambridge University Press.

11. Nathan R & Marc R (eds.). 1987. *Scientific Colonialism: A Cross-Cultural Comparison* [M]. Washington: Smithsonian Institution Press.

作者简介：

丁辰宇，男，黑龙江大学东语学院阿拉伯语系助教。研究方向：阿拉伯语言与文化、中东问题研究。电子邮箱：heidadcy@ 163.com。

张婧姝，女，大连外国语大学亚非语言学院副院长，硕士研究生导师，副教授。研究方向：阿拉伯语言与文化、北非区域国别研究。电子邮箱：asia217@ 126.com。

基于历史比较语言学视角的同源关键
土著语课程设置研究[*]

上海外国语大学　　程　彤

摘要： 本文基于历史比较语言学视角，以波斯语、塔吉克语和达里语这三门同源关键土著语为例，从三门语言的历史渊源和本体相似性论证了主辅课程设计的可行性。由此构建三语课程体系，即以波斯语课程体系为主，塔吉克语和达里语课程体系为辅，系统构建保障机制，优化同源关键土著语多语课程设置，提升同源关键土著语多语教学效果。

关键词： 关键土著语；课程设置；历史比较语言学；波斯语；塔吉克语；达里语

1. 引言

随着"一带一路"战略的深入推进和"人类命运共同体"理念的提出，国家对于外语人才的需求不断增长，我国外语专业建设蓬勃发展，主要体现在外语语种教授种类的日益增加，尤其是非官方语言教授种类的增加。官方语言指的是目前与我国建立官方关系的国家宪法中所规定的政府行政用语。非官方语言指的是在某国一部分地区和人群中通行的非行政用语，这些语言可能是跨境语言，因此可能在其他国家是官方语言——有些语言在历史上是某种语言的方言，随着新兴国家的建立，这些语言成为该国的官方语言，并以国名来命名该语言，而实际上该语言与相邻国家使用的是同一种语言，但两者随着时间的推移会在词法和句法上出现差异。我们称这两类语言为同源语。土著语言是特定国家或区域的原著居民所使用的并在历史发展变化中已形成鲜明语言和文化特征且延续至今的语言。其中一些因为所处地域的政权更迭从而演变成一种或多种官方语言。有些土著语言与我国国家利益和发展战略密切相关，被定性为"关键土著语言"（程彤、邓世平，2019）。同源语与关键土著语存在重合，我们称之为同源关键土著语。由此，本文试图基于历史比较语言学，以波斯语、塔吉克语和达里语这三门同源关键土著语为例，从三门语言的本体相似性和主辅课程设计可行性出发，构建三语课程体系，即尝试将波斯语课程体系设为主

---

[*] 本文系全国教育科学规划重点项目"一带一路沿线关键土著语言文化通识课程体系建设研究"（项目编号：AFA180013）的阶段性成果。作者采纳了信息工程大学洛阳外国语学院张立明教授的一些意见，在此表示感谢。

要课程体系,将塔吉克语和达里语课程体系设为次要课程体系,优化同源关键土著语课程设置,以达到同源关键土著语多语教学事半功倍的目的。

2. 历史比较语言学视角下同源三语本体相似性和课程设置的可行性

2.1 历史渊源

现代波斯语、塔吉克语和达里语这三种语言是由同一种语言发展而来的。伊朗学者在谈及波斯语历史时就此问题做过相应的讨论和介绍,主要有《波斯语语言史》(P·N·Hanlari,1998)三卷本、《波斯语简史》(M. Abil-ghāssemi,1999)和《剑桥伊朗史》第四册关于新波斯语的章节。国内的相关文章和著作有《波斯语、达里语和塔吉克语的历史溯源》(张立明,2009:241—257)和《阿富汗达里语基础教程》(张敏、席猛,2010)等。首先,这三种语言源自"新波斯语"(New Persian)。新波斯语也被称为"达里语"或"达里波斯语"。新波斯语是波斯语三个历史阶段中最后一个阶段的名称(Fyre,2008:596)。波斯语前两个阶段分别为古波斯语和中古波斯语。在阿拉伯人征服伊朗之前,在萨珊王朝中央政府(当时的都城泰西封在今巴格达附近)的统治之下,伊朗东北部受到中古波斯语的影响。随着阿拉伯人征服伊朗,伊朗的宫廷贵族和许多皈依伊斯兰教的伊朗信徒进入中亚,"达里"(宫廷)语作为通用语经呼罗珊传入阿富汗和河中地区,在中亚地区得以普及(Fyre,2008:601)。九世纪初,随着伊朗半独立王朝的兴起,伊朗的统治中心逐渐由西部向东部转移,促成了新波斯语的产生。达里语采用了阿拉伯语字母书写方式,同时吸收了阿拉伯语的词汇并形成了新波斯语。后来,在达里语基础上形成的新波斯语(达里波斯语)再从东部影响到中西部(Fyre,2008:600)。"达里语实际上是伊朗民族与阿拉伯征服者相互妥协的产物,它保留了波斯语,但采用了阿拉伯字母和自己独创的四个字母来拼写自己的文字。由于伊朗深厚的文化底蕴和新兴的地方王朝的扶持,达里波斯语很快发展起来,不久就成为伊斯兰世界东部占主导地位的语言"(张立明,2009)。

塔吉克(Tajik)来自波斯语 Tazi 的粟特语形式,而 Tazi 是波斯人对阿拉伯人的称谓,但也有"穆斯林"的含义。中亚的 Tazi 大多是皈依伊斯兰教的伊朗人,他们说达里语方言。九世纪萨曼王朝的建立代表了中亚地区塔吉克民族的形成(张立明,2009)。至伊朗萨法维王朝建立(16 世纪初)时,由于该王朝信奉的是伊斯兰教什叶派,中亚地区主要信奉的是伊斯兰教逊尼派,因此两者在宗教和语言发展上产生了分裂(张立明,2009)。1929年塔吉克苏维埃共和国成立,且被并入苏联之后,当地的达里语深受俄语的影响。1991年,塔吉克共和国独立,达里语方言作为塔吉克语被确立为官方语言,书写采用西里尔字母。

现在达里语依然是阿富汗官方语言之一(另一种是普什图语)。1747 年,当阿富汗从伊朗分离出来后,同样也在宗教和语言上与伊朗逐渐产生了疏离。1919 年阿富汗获得独立。长期以来阿富汗一直多民族共存,包括普什图族、塔吉克族、乌兹别克族等,而且普什图族占总人口的 40%,塔吉克族占 20%①。因此,阿富汗的达里语吸收了大量普什图语等其他民族语言的词汇,但达里语基本语法没有被改变,同时保留了原来的绝大部分词汇。

从语言学角度来说,现代波斯语、塔吉克语和达里语三者本属于同一语言的不同方言。伊朗学者对"语言""口音"和"方言"三者概念进行了辨析:语言含有以人的器官说话的发声体系,个人用它在其所从属的人群中进行交流。口音是语言的一种变化形式,操相同语言不同口音的人之间能够互相听懂,不同口音通常在发音、词汇方面有所区别,甚至语法也有一些微小区别。方言是语言的一种变化形式,操同一种语言不同方言的人互相听不懂,不同方言除发音、词汇存在区别之外,语法也有很大不同(Kalbsi, 1995)。一旦口音或方言因政治原因而被划界,成为官方语言,就会被上升为一种语言。从这个意义上说,塔吉克语原是波斯语的方言(Kalbsi, 1995),后来成为塔吉克斯坦共和国的官方语言。阿富汗的达里语也是如此。

或许我们可以采用更中性的"语言地域变体"这一术语来对此进行解释,即"相同的语言在不同的地区使用会有极大的差异,这就是语言使用的地域差别导致的语言变体现象。地域差别导致语言变体最为明显的体现就是方言与口音"(赵华威,2020)。现代波斯语、塔吉克语和达里语都是来自九世纪达里语的地域变体。现代波斯语以当前伊朗为主要使用区域,塔吉克语在中亚河中地区普及,达里语则在阿富汗普及。由于历史上政治宗教的划界隔离,在早期的达里语基础上产生了地域性变体,字母、发音、词汇甚至语法由此发生变化,并且分别被确立为各自国家的官方语言。因此,以一种地域变体作为重点进行教授,另两种进行扩展教授,可使学习者尽快掌握三种同源语。

2.2　三语本体特征比较

如前所述,当前的现代波斯语、塔吉克语和达里语都源自九世纪产生的达里语,同时由于政治、宗教和社会等原因各自发生了一些变化,形成了语言地域变体,因此这三种语言既有相似性,又有差异性。下文将这三种语言的字母、语音、词汇和语法等进行简单比较,以展现这三种语言的主要差异,从而作为三语课程体系设置的考量因素。

2.2.1　字母

现代波斯语和达里语都采用阿拉伯语字母书写,只是在阿拉伯语 28 个字母的基础上又增加了 4 个字母。波斯语采用阿拉伯语字母书写是从九世纪开始逐渐形成的。而塔吉克语则因当时塔吉克苏维埃社会主义共和国加入苏联,成为苏维埃加盟共和国之一,而采用了西里尔字母,共 35 个字母(Nasrullo Khojayori, 2008:25—26)。目前,塔吉克国内也

---

① 外交部. 阿富汗国家概况〔EB/OL〕. https://www.fmprc.gov.cn/web/gjhdq_676201/gj_676203/yz_676205/1206_676207/1206x0_676209/2021.

出现了再次使用阿拉伯语字母书写的出版物。

（1）阿拉伯语字母，共28个：

آ ب ت ث ج ح خ د ذ ر ز س ش ص ض

ط ظ ع غ ف ق ك ل م ن و ة ى

（2）波斯语与达里语字母，共32个：

آ ب پ ت ث ج چ ح خ د ذ ر ز ژ س ش ص ض

ط ظ ع غ ف ق ك گ ل م ن و ه ى

有下划线的字母为增加的字母。阿拉伯语中的ة在波斯语中有时写为ه，有时写为ت。

（3）塔吉克语字母，共35个字母，其中包括3个音节字母：

Аа Бб Вв Гг Ғғ Дд Ее Ёё Жж Зз Ии Ӣӣ Йй Кк Ққ Лл Мм Нн Оо Пп Рр Сс Тт Уу Ӯӯ Фф Хх Ҳҳ Чч Ҷҷ Шш Ъъ Ээ Юю Яя

2.2.2 语音

表1 现代波斯语、塔吉克语、达里语元音对照表

（Glassman，2003：19－20）

		现代波斯语	塔吉克语	达里语
单元音	长元音	ā ī ū	ō ī ū	ā ī ū ē ō
	短元音	a e o	a e o	a e o
双元音		ow ey	ōy uy ay aw	Ai ai au Oi ui

表2 现代波斯语、塔吉克语、达里语辅音对照表

	波斯语、塔吉克语、达里语辅音发音							
	双唇	唇齿	齿槽	龈	硬腭	软腭	悬雍垂	声门
爆发音	p b		t d			k g	q★	
鼻音	m		n					
擦音		f v★	s z	ʃ ʒ			x ɣ★	h

（续表）

	波斯语、塔吉克语、达里语辅音发音							
	双唇	唇齿	齿槽	龈	硬腭	软腭	悬雍垂	声门
塞擦音				tʃ dʒ				
颤音			r					
近音	w ★				j			
边近音			l					

注：★波斯语 v 塔吉克语发 v 或 w,达里语发 w。
　　★ ɣ 在塔吉克语和达里语中使用。
　　★ q 在塔吉克语用。

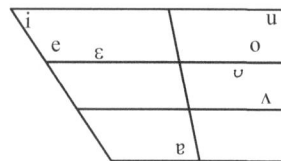

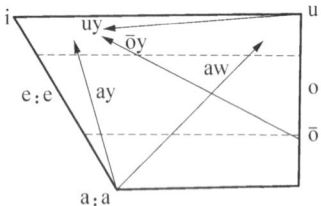

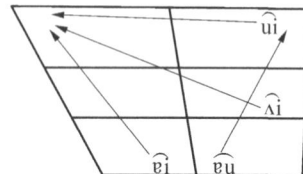

图1　现代波斯语、塔吉克语元音国际音标
（Baker，2016）

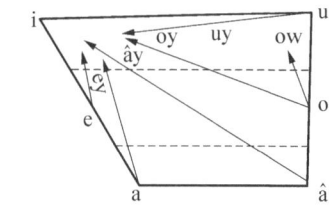

图2　达里语元音国际音标
（Kalbsi，1995）

2.2.3　词汇

历史的变迁使得伊朗与塔吉克的联系受到阻碍。1881 年的《阿哈尔边界条约》中,伊朗彻底放弃了对土耳其斯坦和阿姆河移动地区的领土主张,相继失去了对中亚的控制。那里受到俄罗斯以及后来的苏联和周边各种文化和民族的影响,因此塔吉克语里有很多俄语、突厥语的词汇(Kalbsi,1995:37)。20 世纪 60 年代塔吉克语中的俄语词汇大约有 2 500 个,涉及新军事、医药、农业、工业和人文社会等领域。

表 3　塔吉克语、俄语词汇比较②

	塔吉克语	俄　语
学生	студент	Студент
导师	инструктор	Инструктор
图书馆	библиотека	Библиотека
医生	доктор	Доктор
儿科医生	педиатр	Педиатр
法官	жюри	Жюри
法律	закон	Закон
地质学家	геолог	Геолог
生物学家	биолог	Биолог
经济学	экономика	Экономика
关税	тариф	Тариф
工厂	фабрика	Фабрика
发电机	генератор	Генератор
官僚	бюрократ	Бюрократ
战略	стратегия	Стратегия
远征	экспедиция	Экспедиция
戏剧	драма	Драма

与此同时,塔吉克语的构词还吸收了俄语的后缀,如:-й,-чй,-рон,-зан,-дон。(Kalbsi,1995:118—119)

阿富汗的达里语则受到普什图语的影响,同时也受到英语词汇的冲击。仅以教育词汇为例③:

---

② Bashiri, I. *Russian Loanwords in Persian and Tajiki Languages* [EB/OL]. https://www.academia.edu/10442551/Russian_Loanwords_in_Persian_and_Tajiki_Languages,2020.

③ 此材料由研究生边名扬提供。

表4　波斯语、达里语、普什图语词汇比较

教育词汇	波斯语	达里语	普什图语
大学	دانشگاه	پُوهَنتون	پُوهَنتون
学院	دانشکده	فاکولته، پُوهَنځَی	پُوهَنځَی
大学生	دانشجو	محصل، پُوهَنپال	پُوهَنپال
军校	دانشکده افسری	حربیپُوهَنتون	حربیپُوهَنتون
讲师	استادیار	پُوهیالی، پُوهَنیار، پُوهَنمَل	پُوهیالی، پُوهَنیار، پُوهَنمَل
副教授	دانشیار	پوهندوی، پوهنوال	پوهندوی، پوهنوال
教授	استاد	پوهاند، پروفیسور	پوهاند

2.2.4　语法

塔吉克语和波斯语的语法基本相似,但也存在细微差别,具体分析如下。

（1）波斯语一般修饰语在被修饰语之后,而塔吉克语口语里可在被修饰语之前（Kalbsi，1995：91）。

	塔吉克语（转写）	波斯语（转写）
窄巷	tang kūče	kūcheye tang
漂亮的女孩（复数）	zibō duxtarōn	dokhtarāne zībā
少女（复数）	ǰavōn duxtarōn	dokhtarāne javān

（2）在一些由介词与助动词构成的复合动词中,如 برآمدن،براوردن، درآمدن، درآوردن، برداشتن،,塔吉克语否定前缀［na］前置（Kalbsi,1995：91）。

塔吉克语（转写）	波斯语（转写）	波斯语
na-bar-ōyad	bar-na-yāyad	برنیاید
na-me：-bar-ōyad	bar-ne-mi-āyad	بر نمی آید
na-me：-dar-ōyad	dar-ne-mi-āyad	در نمی آید
na-me：-dar-ōvarad	dar-ne-mi-āvarad	در نمی آورد

（3）塔吉克语后缀 agi 用以表达分词，即 agi+动词词干＝分词，波斯语中无此用法。

① 构成一部分动词

塔吉克语（转写）	波斯语（转写）	波斯语/汉语
raft-agi-yam	rafte-am	رفته ام 我去了
raft-agi-stam	shāyad-rafte-am	شاید رفته ام 也许我去了

② 修饰名词

塔吉克语（转写）	波斯语（转写）	波斯语/汉语
atlas-i duxt-agi	atlase dūkhte-shode	اطلس دوخته شده 缝制好的绸缎
maktub-i navišt-agi	nāmeye neveshte-shode	نامهٔ نوشته شده 写好的信
kitōb xōnd-agi	ketābe khānde-shode	کتاب خوانده شده 看完的书

③ 替代动词写在从句中，表达过去动作（一般过去式）

塔吉克语（转写）	波斯语（转写）	波斯语/汉语
ādam-i ba xōna-i mō āmad-agi	shakhsi ke be khāneye mā ʔāmad	شخصی که به خانهٔ ما آمد 来我家的人
ketōb-i xōnd-agi -yam	ketābi ke man khāndam	کتابی که من خواندم 我读过的书
nāme-i Hassan navišt-agi	nāme-i ke Hassan nevesht	نامه ای که حسن نوشت 哈桑写的信

④ 有时代替动名词（Kalbsi，1995：101）

塔吉克语（转写）	波斯语（转写）	波斯语/汉语
Bōr-i avval-i raft-agi-mōn dar xōna nabud.	Bāre avvale raftane mān dar khāne nabūd.	بار اوّل رفتنمان در خانه نبود. 这不是我们第一次回家

（4）塔吉克语与波斯语在表达正在进行时存在区别（Kalbsi，1995：102）。

塔吉克语（转写）	波斯语（转写）	波斯语/汉语
词干+a+istōda+人称词尾 raft a istōda ʔast	人称词尾+词根+mi+dārad dārad mi ravad	می رود دارد（现在正在进行时） 他正在去
词干+a+istōdaqi+bud+人称词尾 raft a istōdaqi bud	人称词尾+词干+mi+dāsht dāsht mi raft	می رفت داشت（过去正在进行时） 他正在去（过去某时）

（5）توانستن ［tavānestan］（情态动词"能够"）在三种语言中的不同用法（Kalbsi，1995：116；张敏、席猛，2010：94）如下所示。

波斯语	塔吉克语（转写）	达里语
人称词尾+动词词根+ ﺑ +人称词尾+tavān+ ﻢ（从右往左）	动词原形+ mi + tavān+人称词尾	人称词尾+ tavān+mi+ ﻪ +动词词干（从右往左）
می توانم بگویم ［ mi + tavānam beguyam］我能说	goftan mi+tavānam	گفته میتوانم ［gofte mi+tawānam］
می توانیم برویم ［ mi + tavānam beravim］我们能去	raftan mi+tavānim	رفته میتوانیم ［rafte mi+tawānim］
نمی توانیم حرکت کنیم ［ ne + mitavōnim harekat konim］我们不能出发	harekat kardan mi+tavānim	حرکت کرده نمی توانیم ［harekat karde ne+mi+tawānim］

3. 同源多语课程设置的思路

上海外国语大学对同源多语课程的设置进行了积极探索。例如在印地语专业高年级开设乌尔都语入门课和梵语课。波斯语专业的学生参与塔吉克语的入门系列讲座，学生们积极响应。下文将进一步探索多语课程体系设置，即以某一种专业的语种课程体系为主干，配以同源语种为辅的课程体系，从而构建完整的多语课程设置体系，并建立相应的保障机制。

3.1 课程体系

如前文所述，波斯语、塔吉克语和达里语这三种语言属于同一种语言的三种地方变体。除基本字母（塔吉克语例外）、发音、词汇和语法的细微差异之外，三者大体相同。因此对于学习者而言，不必专门设置三套传统课程体系。此外，针对目前教学资源的限制和短期内此类语言尚未形成市场需求规模的现实，可以充分利用上述语言历史同源性和本体相似性的特点，通过设计特定课程体系，提高学习效率，缩短学习者掌握基本语言技能的时间。具体而言,可以一套主辅语言相配的课程体系开展教学。课程体系辅助部分的设置目的,是让已有波斯语基础的学生了解三语间的差别,熟悉两种相关语言的听和读。其本质是让学生熟悉波斯语的另两种方言。辅助内容上要注重三个方面:各语言要素的差异认知、各语言不同能力的发展培养和各国国情社情民情文化的介绍。

根据《普通高等学校本科外国语言文学类专业教学指南》,专业核心课程包括基础专业外语、高级专业外语、专业外语阅读、专业外语视听说、专业外语写作、专业外语口语、专业外语语法、专业外语汉语互译、专业外语文学、对象国或地区文化等(教育部高等学校教学指导委员会,2020)。各语言要素的差异认知体现在语法、听力和泛读课程等,因此可借用历史比较语言学的方法,从字母、语音、语法和篇章等方面进行对比式教学。由于字母相似甚至相同,教学时可以基本略过。在语音、语法和词汇总体相似的前提下,在学生已经基本掌握波斯语的基础上,只需了解塔吉克语和达里语与波斯语的细微差异即可。听力训练和篇章阅读课程也是不可或缺的,有助于认知两种语言的差异,同时培养学生的多语能力。也就是说,对波斯语专业学生而言,他们的塔吉克语、达里语的说、译、写的技能要求可适当降低,但听和读的技能仍需适当培养和训练。在本科阶段,可要求波斯语学生仅掌握塔吉克语、达里语基础知识和基本技能(语音、简单语法、简单会话等),能够听懂语言和阅读文献即可。各国国情社情民情文化的介绍在概况课中展开。虽然三个国家历史上都属于伊朗文化圈,但还是存在诸多差异。

总之,这套课程体系是学习者在修读波斯语专业课程的同时,再配以塔吉克语和达里语的语法课(含字母、语音、词汇和语法)、听力课、阅读(报刊文献)课、对象国或地区文化课等课程。

此外,在师资配备方面,要注重引入与母语者(塔吉克语、达里语)的口头交流;在教材方面,要引入塔吉克、阿富汗影视作品和报刊文章的学习。目的是让学习者尽可能提高听力,在实际交流中能够辨别三者在发音和用词上的区别,理解说话内容。关于学习效果评估,塔吉克语和达里语应主要考察学生的听力和阅读能力。如果需要继续提高这两种语言的技能乃至文学修养,可在研究生阶段进一步培养。基于上述考虑,笔者设计了如下的课程体系(如表5所示)。

表5 同源多语(波斯语、塔吉克语、达里语)课程体系方案(以专业核心课程为主)

波斯语	塔吉克语	达里语
基础波斯语Ⅰ,Ⅱ		
波斯语语法	塔吉克语语法(字母、语音、词汇与语法)	达里语语法(语音、词汇与语法)

（续表）

波斯语	塔吉克语	达里语
高年级波斯语		
波斯语听力	塔吉克语听力	达里语听力
波斯语泛读	塔吉克语泛读	达里语泛读
波斯语报刊阅读	塔吉克语报刊阅读	达里语报刊阅读
波斯语翻译理论与实践		
波斯语口语		
波斯语口译		
伊朗概况	塔吉克概况	阿富汗概况

3.2 保障机制

3.2.1 搭建合作平台,优化课程体系

为了进一步落实此方案,可协同全国一流波斯语本科专业,根据《普通高等学校本科外国语言文学类专业教学指南》(2020)进一步优化现有波斯语课程体系,巩固三语培养的波斯语课程基础。当前中国的波斯语教学已经非常成熟。从 1957 年北京大学首创波斯语专业起,中国现代波斯语教学已有 64 年的历史。目前,北京大学波斯语专业、上海外国语大学波斯语专业、北京外国语大学波斯语专业均为国家级一流本科专业建设点。这些学校拥有较强的师资团队、完整的课程体系和完备的教材,已培养出一大批优秀的波斯语人才。同时,这些专业还拥有广泛的国际合作伙伴,能够获得国外合作方的教学支持。因此,从课程设计的角度看,完全可以设计并尝试实施以波斯语课程为主,以塔吉克语、达里语课程为辅的课程体系。其次,借鉴国外知名高校同类课程的设置,如英国的伦敦大学亚非学院、荷兰莱顿大学(程彤、邓世平,2019),以及东京外国语大学和韩国外国语大学的做法。这些大学关键土著语言课程设置由语言课程模块与非语言课程模块构成。语言课程模块中的课程属必修课程,并进行综合分级,注重学生语言综合运用能力培养。非语言课程模块中的课程既有必修课程,又有选修课程,突出多学科知识传授和专题研究能力的培养。我们的课程设置可以此作为参照,根据具体情况来规划和调整。

3.2.2 建构教学资源库,营造智慧空间

可从教学资源和教学技术手段两方面着手,夯实课程体系。首先,教学资源包括优秀师资、高质量的教材和与时俱进的丰富语料资源。国际合作伙伴高校是师资力量的重要来源,这些顶尖高校的相关教师不仅长期处于教学一线,经验丰富,而且自身掌握多门相

邻关键土著语;国内高校可安排掌握同源语言的中方青年助教,作为师资后备。教材方面可先参照国外的基础教材,同时在教学中编写教案,作为未来自编教材的素材。语料资源则需从网络等多渠道收集,着手语料库建设,为阅读和听力课程提供丰富的素材储备。第二,就教学技术而言,应充分利用各种先进的技术手段,打造慕课、微课、远程教学、虚拟课堂、翻转课堂等多种形式,营造智慧空间,整合各种教学资源,丰富教学手段,提高教学质量,激发学生的学习兴趣。需要注意的是,教学资源和教学技术两方面应动态构建并适时调整。

3.2.3 拓展第二课堂和实践基地,提升人才培养质量

拓展第二课堂和实践基地是提高人才培养质量的有效手段,已成为培养体系中不可或缺的一部分。大学期间的课程安排总体上是有限的,而且课堂学习的知识和能力也需要通过实践来检验。这就凸显了第二课堂和实践基地的重要性。第二课堂的形式可包括相关讲座、课外语言文化活动(语言技能竞赛、征文、知识竞赛、戏剧表演、文化展示、网页制作、公众号、会展志愿者和防疫志愿者,及一切与外语有关的课外活动)。实践基地可包括本地、外地乃至国外单位的外语实践场所。本地和外地主要是各类政府机关、大中小企业、媒体等;国外基地包括我驻外企业代表处和下属企业等。这些随着"一带一路"倡议深入推进而产生的驻外机构为外语类学生提供了广阔的海外实习平台,学生既可以在留学期间到所在国的基地进行实习,也可利用假期以基地为依托进行海外田野调查,以此让学生及时发现自身不足,激发学习热情。第二课堂和实践基地的拓展培养能够有效提升学生的实践能力,为学生毕业后顺利进入职场起到积极的衔接作用。

4. 结语

本文从历史渊源、三语本体探讨了课程设计的可行性和思路,对其他同源相邻关键土著语教学具有借鉴意义。上海外国语大学印地语专业在本科课程中加入乌尔都语课程和梵语课程也是对上述构想的实践④。这一举措不仅能够提高教与学的效率,也可扩大学生的学术视野。当然,这仅仅是一个开始,具体效果还有待在实践中不断检验。但是基于目前我国对外交流全方位深入发展的紧迫性,外语教育亟须充分挖掘现有潜力和资源,运用合理的教学方法和思路,高效推进关键土著语教学在中国的发展,满足国家的重要战略需求。

参考文献:

1. 程彤、邓世平,2019,"一带一路"关键土著语言专业课程设置研究[J],《外语界》(6)。
2. 教育部高等学校外国语言文学专业教学指导委员会,2020,普通高等学校本科外国语言文学类专业

---

④ 上海外国语大学东方语学院. 上海外国语大学开设乌尔都语课程[EB/OL]. http://www.saas.shisu.edu.cn/13/3b/c2027a70459/page.htm,2021.

教学指南［Z］,上海：上海外语教育出版社。

3. 张立明,2009,波斯语、达里语和塔吉克语的历史溯源［J］,《东方文化论丛》28。

4. 张敏、席猛,2010,阿富汗达里语基础教程［M］,北京：人民出版社。

5. 赵华威,2020,历史文化学视角下的语言变体现象［J］,《辽东学院学报（社会科学版）》（5）。

6. Baker, A. 2016. Dari (Afghan Persian)［J］. *Journal of the International Phonetic Association* 46(2) .

7. Glassman, E. H. 2003. *Conversational Dari: An Introductory Course in the Farsi(Persian) of Afganistan*［M］. Peshawar: InterLit Foundation.

8. Kalbsi, I. 1995. *Fārsiye Irān va Tājikestan, Yek Barresiye Moghābeleyi*［M］. Tehran: Intesharate Vizarate Omure Khareje.

9. Khojayori, N. 2008. *Tajiki: An Elementary Textbook*［M］. Georgetown University Press.

10. Abil-ghāssemi, M. 1999. *Tārikhe Mokhtasare Fārsi*［M］. Tehran: Inteshārāte Tāhuri.

11. Hanlari, P. N. 1998. *Tārikhe Zabāne Fārsi*［M］. Tehran: Intesharate Ferdowsi.

12. Fyre, R. N. 2008. *Cambridge History of Iran* (Vol.4)［M］. Cambridge: Cambridge University Press.

作者简介：程彤,男,上海外国语大学东方语学院教授,博士生导师。研究方向：波斯语、伊朗历史等。
电子邮箱：1877@ shisu.edu.cn。

新时代大学英语 CBI 教学改革实践研究[*]

浙江水利水电学院　　潘宏伟

摘要：高等教育进入新时代,《大学英语教学指南（2020 版）》赋予大学英语教育新的时代使命和内涵,要求外语教育工具性和人文性同步发展,落实立德树人的根本任务,满足国家、社会、学校和个人的发展需要。而以语言知识技能为核心的传统大学英语教学理念和模式已不能适应新时代的大学英语教学。本文基于 CBI 理论,论述了对某应用型工科类本科高校大学英语教学综合改革的实践。实践表明,大学英语 CBI 教学产生了良好的效果,能够顺应新时代新要求,更好地实现大学英语教学的新目标。

关键词：新时代；大学英语；CBI；教学改革

1. 引言

随着经济社会全球化发展和科技迭代创新,我国各行各业与国际社会的交流不断拓展和深入,因而对复合型人才的需求越来越大。毕业生须具备良好的英语语言能力,包括以英语为工具获取专业信息的能力和使用英语参与国际学术交流的能力。譬如钟南山院士和张文宏医生不仅专业技术精湛,而且能使用英语顺畅地进行国际学术交流,此外他们的敬业精神和职业操守令人敬佩,是新时代的标杆。因此,新时代大学英语必须为专业技术人员赋能,为专业发展服务。正如《大学英语教学指南（2020 版）》（教育部高等学校大学外语教学指导委员会,2020）指出：大学英语的教学目标是培养学生的英语应用能力,增强跨文化交际意识和交际能力,同时发展自主学习能力,提高综合文化素养,培养人文精神和思辨能力,使学生在学习、生活和未来工作中能够恰当有效地使用英语,满足国家、社会、学校和个人发展的需要。由此可见,《大学英语教学指南（2020 版）》赋予大学英语新的时代使命和内涵,要求外语教育工具性和人文性同步发展,落实立德树人的根本任务。而如何有效实现大学英语教学的新目标是大学英语界的重要课题。

---

　* 本文是浙江省高等教育“十三五”第一批教学改革研究项目“应用技术型本科高校 CBI 大学英语教学改革与实践研究”（项目编号：jg20180409）的部分成果。

2. 基于 CBI 的大学英语综合改革

2.1　改革背景

　　笔者所在学校是一所典型的以水利为特色,以电力、机械、建筑等学科为主体的应用型工科类本科高校,应当在服务区域经济和"一带一路"国家战略方面发挥作用。学校党代会指出要培养"具有国际视野、水利精神、家国情怀、实践能力的应用型人才",这对学生的外语语言能力、跨文化交际能力、专业英语水平、职业素养等方面提出了明确要求。

　　然而,当前大学英语教学在理念、模式以及实效等方面仍然存在一些不足,比如新教育教学理念较为缺乏,应试教学比较普遍,学生语言实际运用能力的提升尚未得到充分重视;不少学生缺乏学习英语的兴趣和动力;英语课程的人文教育作用尚未得到充分体现;费时低效的问题还未得到根本性革除;多年来大学英语的教学重点一直以培养学生的语言能力为中心,以传授语言知识为重点,对以专门用途英语和一般学术英语为代表的专业英语教学重视不够。大学毕业生的英语应用能力仍不能满足国家、社会、学校和个人发展的需要。

　　立德树人是高等教育的根本任务。培养学生的团队合作能力、思辨能力、沟通能力和社会责任感,引导学生树立正确的人生观、价值观和世界观是大学英语课程教学的重要使命;教会学生"讲好中国故事"、宣传中国文化也是大学英语课程的重要使命。因此,新时代大学英语教学需要新理念、新思路、新模式来破解这些难题。

2.2　CBI 理论

　　Content-based Instruction(以下简称 CBI)是指将语言教学基于某个学科或某种主题内容的教学之上,把语言学习与学科知识学习结合起来,在提高学生学科知识和认知能力的同时,促进其语言水平的提高。这一教学理念产生于 20 世纪 60 年代在加拿大蒙特利尔开展的"沉浸式"教学实验(袁平华、俞理明,2008)。CBI 外语教学理念的核心是将外语作为学习各种学科内容的媒介,使学科内容成为语言学习的源泉,语言能力的获得则是学科学习内容的"副产品"。

　　在教学理念方面,CBI 外语教学是依托课程内容进行外语教学,将语言教学和学习者需要掌握的学科内容或学习者感兴趣的信息结合起来。课堂教学围绕有关主题或学科内容,而不是传统的语言形式或规则系统等,学生通过对特定主题的学习获得语言交际能力(顾飞荣、嵇胜美,2009)。这里的学科内容不仅指人文社科知识,也包括学生主修专业的学科专业知识。在实际教学改革中,应充分考虑学生的学情和教师的教情,关注学生从显性语言学习到隐性语言学习的循序渐进的过程。在起步阶段,语言学习是更加显性的,在学习"内容"的时候要重视词汇、语法、句型、修辞、篇章结构等语言技能的学习。后期逐渐将对语言本身的关注潜藏到学科内容中,直到高年级时完全把英语作为工具,学习专业课程,从而实现知识的显性学习和语言的隐性学习(孙有中、李莉文,2011)。

在教学模式方面,CBI 有三种主要的教学模式:(1)主题式语言教学:在语言课堂中,教学大纲围绕学生感兴趣的主题展开,教师以宣讲主题内容为手段,实现语言教学的目的。(2)附加式课程教学:语言课的教学为专业课教学服务,学习者的语言习得通过专业学习自然实现。(3)保护式学科内容教学:对于因语言困难而影响专业学习的外国留学生,将他们与母语学生隔离,"保护"起来进行教学。专业课教师根据学生的英语水平用特别英语讲授专业课,使他们的专业学习和语言学习同步进行(应丽君,2016)。

王初明(2018)指出"CBI 是创设类母语习得条件、培养用外语思维的好方法,对于理工农医学等专业的学生,他们需要借助英语学习先进专业知识并发表学术成果,大学英语教学实施 CBI,无疑是最值得推广的,也是外语教学改革最有潜力、影响全局的方向"。因此,在中国语境下的 CBI 教学有更大的发展空间,也有更多需要探索和解决的问题。

2.3 改革举措

目前大学外语普遍采用围绕主题开展单元教学的方法,教学的主要内容还是围绕词汇、句型、语法等语言知识和听说读写语言技能,目标是使学生能够使用外语对日常生活中的话题进行表达和交流。这种教学模式的目标是提高学生的普通英语能力,但未涉及专业学术英语,导致学生毕业后缺乏使用外语在专业领域进行国际学术交流的基本能力。因此,改革的重点就是改变以语言知识和技能为主要教学内容的大学英语课程体系,引入以学科内容为依托的大学英语课程体系,把语言学习与学科知识学习融为一体,学生在学习学科知识和提高专业能力的同时,自身英语语言水平也不断提高。这里的学科知识不仅指人文社科知识,也包括学生主修专业的学科专业知识,比如工程学科知识、水利专业知识等。

在课程体系方面,我们将总共四个学期的大学英语课程教学分为两个阶段:大学英语 1 和 2 为基础阶段,学科内容将以政治、历史、社会、经济、法学、文化、文学、艺术、哲学等人文社科知识为主,进行通识教育,引导学生学会思考和思辨,学习团队合作与沟通交流,关注自然与社会,提升人文精神,提高通用外语能力和跨文化交际能力。大学英语 3 和 4 为提高阶段,教学内容逐渐与学生所学专业接轨,语言课程的开设基于学生对某一学科知识的学习,语言教学活动也是围绕解决学科知识学习过程中所遇到的语言问题而展开,引导学生使用英语进行专业知识的学习,在真实语境中提高英语应用能力,培养学生的学术英语能力和职业英语能力(见表1)。

表 1　基于 CBI 的大学英语课程设置

学期	阶段	课　程	课时数	教学内容	课程性质	教材类别
1	基础阶段	大学英语 1	56 学时	人文素养 I	必修	语言文化类
2		大学英语 2	56 学时	人文素养 II	必修	语言文化类
3	提高阶段	大学英语 3	48 学时	学术英语	限选	学科专业类
4		大学英语 4	32 学时	职业英语	任选	学科专业类

该大学英语课程教学改革的核心在于课程目标的变化,传统大学英语的课程目标主要是在高中英语的基础上进一步巩固和提高语法、词汇、句法等语言知识,提高听说读写译等语言技能以及适当的跨文化交际能力。而 CBI 英语教学课程体系的主要目标是以立德树人为根本任务,强化课程思政,注重人文精神和思辨能力的培养,提升语言应用能力和跨文化交际能力,同时在高级阶段进行与专业接轨的学术英语和职业英语教学,达到工具性和人文性的统一(见表 2)。

表 2　传统大学英语课程体系与 CBI 课程体系课程目标比较

学期	阶段	课　程	传统英语教学体系课程目标	CBI 英语教学体系课程目标
1	基础阶段	大学英语 1	词汇、语法;听说读写译技能;跨文化交际能力	立德树人通识教育;语言应用能力;跨文化交际能力;思辨能力
2		大学英语 2		
3	提高阶段	大学英语 3		学术英语能力和职业英语能力
4		大学英语 4		

在课程考核方面,美国教育心理学家布鲁姆创立了教育目标分类理论,将教育目标分为认知、情感和运动领域,提出教育目标由知识(knowledge)、技能(skill)与态度(attitude)三大目标类型构成,简称 KSA 模型(赵雯、王海啸,2020)。我校借鉴 KSA 模型,在考试方式上采用"知识+能力+态度"三位一体的考核方式,规定课程考核必须包含知识、能力和态度各部分,考试不仅要考"知识",更要考"能力","能力"考题必须达到 50%。"态度"的考核落实在学习过程中,通过平时成绩体现,平时成绩的评定必须有充足的记录依据,一般包括考勤、作业、小组活动、课堂表现、在线学习等,规定总评成绩中平时成绩不少于50%。该考核方式将终结性考核与过程性考核充分结合,强调学生学习过程中为人处世

能力的培养和良好习惯的养成。在考试内容上,增加教学内容中的学科知识部分,以达成教、学、考的统一。

3. 大学英语 CBI 教学改革的实效

在基于 CBI 的大学英语教学改革实施的两年中,语言教学与学科内容(或主题)教学相融合,使学习者在有意义的语境中学习语言,一些新思想新方法得到落实和推行,取得了良好的效果。

3.1 学生从"学习外语"向"用外语学习"的转向

我校在大学英语课程体系中开设《学术英语》,对学生进行通用的英语学术规范学习和训练。一个学期后,对 644 名学生开展问卷调查,结果显示,72.68% 的同学认为"开设学术英语很有必要";75% 的同学认为"学术英语有助于专业发展"。

大学生对新鲜的学科知识有较高的求知欲,CBI 产生的客观效果是学生既掌握了学科内容,又习得了语言,达到了通过学科知识学习来提高外语水平的目的(邵海静、付京香,2016)。对于大学英语过度强调"打基础",有不少专家学者提出批评,认为大学英语应该从通识英语走向 EAP 和 ESP(蔡基刚,2018)。

3.2 学生学习专业英语兴趣和动力提升

CBI 语言教学要求使用学习者感兴趣的语言材料,并创设真实语言情境。教学中,教师根据具体专业和学生语言水平选择适当模式。大学英语基础阶段,教师普遍采用"主题模式",因为这个模式对学生语言水平要求较低,形式比较灵活,所选主题和话题具有一定的专业性,学生感兴趣,有话说,有效减少了"哑巴英语"现象。在开设学术英语之前,开设行业英语,如水利英语、电力英语、机械英语等。教学材料选自目标语的各类专业导论课程、专业性不太强的专业基础课程以及专业英语课程,这些针对不同学生群体设计的 CBI 外语教学能激发学生学习兴趣和学习动力。最后,采用"附加模式",课程教学的授课内容与某一领域或专业密切相关,学生通过学习与学科有关的教学材料,提高语言技能,并学会利用目标语进行学术交流或科研活动。

3.3 大学英语课程思政全面实施

大学英语应发挥人文素养教育作用。《大学英语教学指南(2020 版)》的大学英语"课程定位与性质"部分明确提出:"大学英语教学应主动融入学校课程思政教学体系,使之在高等学校落实立德树人根本任务中发挥重要作用"(教育部高等学校大学外语教学指导委员会,2020)。课程设置部分指出,"通用英语课程的目的是……增加学生在社会、文化、科学等领域的知识储备,拓宽国际视野,提升综合文化素养,树立正确的世界观、人生观和价值观"(何莲珍,2020)。大学英语在结合学科知识和挖掘课程人文内涵方面具有很大空间,因为教学内容包含政治、历史、文化、艺术、经济、哲学等众多人文社科知识,能够了解西方文明、思维方式和生活习惯,同时也学习中国传统文化,熟悉社会现实。可开展中外文化差异比较,引导学生以批判性眼光看待西方文化及意识形态,全面理解中国文化,树立学生的文化自觉和自信,培养思辨能力和跨文化交际能力(李莉莉,2015)。

笔者对学校非英语专业在读大学英语课程的学生进行了网络问卷调查,共收集到有效问卷 1 472 份。调查结果显示:94.5% 的学生认为老师在讲解课文时对思想内容进行了分析评价,86.75% 的学生认为老师充分挖掘了课文思想内容进行课程思政教育,74.52%的学生觉得上完一个单元后对课文的思想内容记忆清晰。83.63% 的学生认为大学英语对学生的人文素养提升有较大帮助。学校教学评价中心在 2021 年教学专项检查期间对《大学英语》课程问卷调查结果显示,教师在教学中经常或较多融入课程思政的占 89% 以上,未开展的为零;同样,接近 99% 的学生反馈教师在课堂上融入了正向价值观、家国情怀、人格品质素养等育人元素。

3.4 课程考试内容改革积极推进

基于 CBI 教学理念和课程思政,我们对大学英语期末考试内容进行了改革,即在传统考试内容的基础上,新增一项"学科内容考核",具体包括跨文化交际、传统文化、社会、经济、法律、道德等各方面的知识内容,从随机抽样班级的期末考试情况分析来看,内容判断题得分率高于传统主观题,但低于客观题,也高于总分得分率,表明学生对教学材料的思想内容总体掌握良好,见表 3。

表 3　学科内容考核对比分析

		客观题	主观题	总分	学科内容
A 班	平均得分	43.76	16.76	60.52	6.44
	得分率	72.93%	55.87%	60.52%	64.40%
B 班	平均得分	42.55	14.41	56.96	6.60
	得分率	70.92%	48.03%	56.96%	66.00%
C 班	平均得分	40.57	15.19	55.76	5.96
	得分率	67.61%	50.60%	55.76%	59.63%
D 班	平均得分	42.64	18.07	60.71	6.97
	得分率	71.06%	60.23%	60.71%	69.70%

4. 讨论与启示

通过以上讨论,我们得到以下启示:

第一,CBI 教学有助于解决大学英语的工具性问题。CBI 大学英语教学将学科知识与语言学习融为一体,有利于促进二者的同步发展,有助于解决长期存在的非英语专业毕业生不会使用英语解决专业交流的问题,也有助于提高学生学习专业英语的积极性。

第二,CBI 教学有助于解决大学英语的人文性问题。大学英语的不同阶段,CBI 教学模式对大学英语教学内容进行科学规划,基础阶段以人文社科内容为主,在课堂讨论和小组学习中进行大量的交流训练,提高学生的思辨能力和人文素养。提高阶段以学科专业内容为主,英语教学服务于专业学习,提升学生的学术英语能力和专业英语能力,从而提高其国际学术交流能力,最终落实立德树人根本任务。

第三,CBI 教学对同类院校具有参考意义。本研究以应用技术型高校的大学英语教学内容改革为对象,应用技术型高校数量多,群体大,大学英语教学共性强,因此本研究对同类院校的大学英语教学具有参考意义。

第四,英语教师的非英语学科素养有待提高。大部分英语教师熟悉以语言知识技能为导向的外语教学。教师在接受 CBI 培训后,其教学理念和方法可以较快转变,但是他们的非英语学科知识和能力存在短板,因此,要提升 CBI 大学英语教学质量,亟须提升英语教师的非英语学科知识素养和能力。

第五,基于 CBI 的教材和教学资源有待开发。现有的大学英语教材中鲜有基于 CBI 理论开发的教材,因此亟须相关专家学者、教师与出版社合作,联合开发基于 CBI 的教材以及相关教学资源。

5. 结语

新时代要求高校培养德智体美劳全面发展的社会主义事业接班人,更要培养各行各业具有国际视野、懂国际规则、能参与国际事务的复合型专业人才。大学英语在人才培养中肩负着越来越重要的使命和责任,在培养国际化人才中具有不可或缺的地位,又在人文素养教育方面具备天然优势。面对新时代新要求,CBI 的教学理念、模式和方法恰好适应了当下大学英语教育的需要,是实现大学英语工具性和人文性有机统一的有益途径。

参考文献:

1. 蔡基刚,2018,中国高校实施专门学术英语教学的学科依据及其意义[J],《外语电化教学》(1)。
2. 顾飞荣、嵇胜美,2009,近 15 年国内 CBI 外语教学研究述评[J],《韶关学院学报》(11)。
3. 何莲珍,2020,新时代大学英语教学的新要求——《大学英语教学指南》修订依据与要点[J],《外语界》(4)。

4. 教育部高等学校大学外语教学指导委员会,2020,大学英语教学指南[S],北京：高等教育出版社。

5. 李莉莉,2015,内容型教学在美国犹太文学课程中的应用[J],《黑龙江高教研究》(2)。

6. 邵海静、付京香,2016,内容依托式教学模式在大学英语教学中的应用[J],《山西师大学报(社会科学版)》(1)。

7. 孙有中、李莉文,2011,CBI 和 ESP 与中国高校英语专业和大学英语教学改革的方向[J],《外语研究》(5)。

8. 王初明,2018,我国应用语言学研究在解决问题中前行[J],《外语教学与研究》(6)。

9. 应丽君,2016,融入自主学习的大学英语 CBI 主题模式研究[J],《南昌师范学院学报》(6)。

10. 袁平华、俞理明,2008,以内容为依托的大学外语教学模式研究[J],《外语教学与研究》(1)。

11. 赵雯、王海啸,2020,新时代大学英语语言能力的建构[J],《外语界》(4)。

作者简介：潘宏伟,男,浙江水利水电学院副教授。研究方向：英语教育、中外合作办学。电子邮箱：phwzj@ 163.com。

《学术英语(读写)》课程在线教学实践研究[*]

哈尔滨工业大学(威海)　　丛晓芳　姜翔宇

摘要：移动技术的发展和智能手机、网络等的普及为在线学习提供了必要条件,使得在线教学成为可能。本文基于"新工科"和"金课"对于增强学生国际竞争力的要求,探讨《学术英语(读写)》课程在线教学实践。文章首先阐述了在线教学实践过程中的教学目标、教学资源、教学设计理念,而后展示了在线教学的组织和实施过程、考核方式与教学成效,最后总结了在线教学的特色和创新点,以期为相关课程在线教学提供参考。

关键词：在线教学;教学目标;教学资源;教学设计;教学组织和实施

1. 引言

2017 年 2 月,教育部发布了《关于开展新工科研究与实践的通知》,对围绕新工科研究和实践的工程教育的新理念、学科专业的新结构、人才培养的新模式、教育教学的新质量以及分类发展的新体系等问题给出了明确的界定和指导,要求加大工程教育的改革创新力度,升级工科专业,深化人才培养模式,开展多维度评价体系,并推动人才分类发展政策和体系的建设。在此背景下,《学术英语(读写)》课程如雨后春笋般迅速发展起来,因为该课程不仅响应了新工科建设的发展战略,也有助于提高学生的国际竞争力和国际阅历(蔡基刚,2012)。本研究以山东省某双一流建设高校 95 名大二学生为研究对象,探讨《学术英语(读写)》课程在线教学的教学目标、教学设计、教学组织、考核方式、教学成效和特色创新等。

2. 教学目标

在"新工科"研究与实践进程中,高等教育要服务与支撑国家科技和经济发展,其培养目标须与时俱进,因而对人才的核心能力提出新要求,包括个人效能、知识能力、学术能力、技术能力与社会能力等五个方面(周开发、曾玉珍,2017)。为响应教育部 2017 年提出

＊ 本文系山东省教育科学"十四五"规划 2021 年度高等教育英语教学专项课题"修辞互动视角下的英语'视听说'能力及策略研究"(课题编号：2021WYB009)、2023 年哈尔滨工业大学(威海)第三批课程思政教育教学改革(本科课程)(项目编号：KCZZC202305)的阶段性研究成果。

的新工科建设战略,该高校制订了新工科建设行动路线图,并经过不断改革和创新,形成了"新工科Ⅱ型方案",提出复合型、创新型的多元化人才的培养目标。《学术英语(读写)》课程授课对象是非英语专业大二学生,他们来自各学院,但理工科专业学生居多。课前调查显示,学生在大学初级阶段的学习中,学术英语(读写)应用匮乏,学生较少甚至没有应用过相关的英语学术技能,包括参加国际学术会议、阅读专业文献和写作论文等。绝大部分学生明确认为非常有必要开设学术英语课程。结合"新工科"人才培养要求与该校培养目标和学生需求,该课程的培养目标如图1所示:

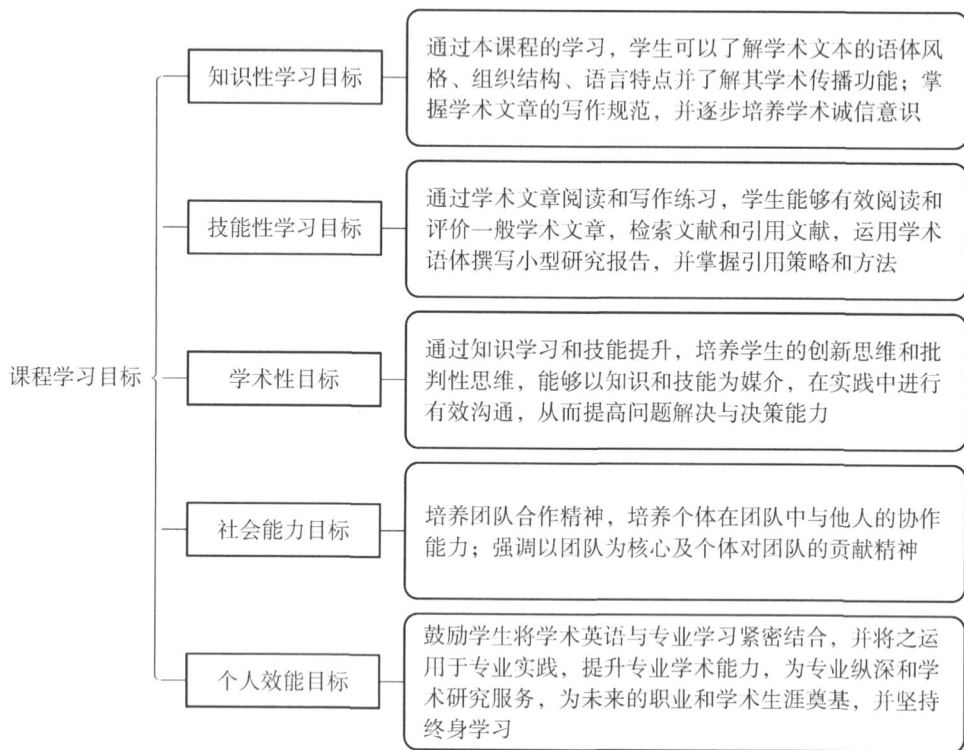

图1 《学术英语(读写)》课程培养目标

3. 基于教学目标的教学资源设计

本课程的设计理念秉持教育部对"金课"的建设要求,即"两性一度"——高阶性、创新性和挑战度。具体来说,是要求课程设计在传授知识点的基础上,注重能力和思维的训练;教学内容和教学方式要创新,采用探究式教学;课程要具有一定的难度,给学生充分的学习和思考空间(吴岩,2018)。在对教学目标进行具体化分析时,本课程还借鉴了布鲁姆认知领域的教育目标,包括识记、理解、应用、分析、评价和创造。前三个层次属于一般读写要求,侧重培养学生的基础语言知识和能力;后三个层次体现了较高维度的认知水平。这六个层次贯穿教学内容设计、学习方式设计、教学活动设计、教学模式等多个方面，充分体现了课程的"高阶性""创新性"和"挑战度"。

《学术英语(读写)》课程以翻转课堂为教学模式。翻转课堂教学理念的核心在于以学生为教学主体，对教学过程进行调整，即"把传统的学习过程翻转过来，让学习者在课外时间完成针对知识点和概念的自主学习，课堂则变成教师与学生之间互动的场所，主要用于答疑解惑、汇报讨论"(张其亮、王爱春，2014)。为顺利实践翻转课堂，教师首先制定课前、课中和课后的教学目标，而后选取教学资源并设计相应的教学活动。

课前的教学目标是实现识记、理解和部分应用。教师首先对国内外相关教材进行梳理，并浏览国家精品在线课程，结合学生的专业特点和需求，将该课程的知识点整理出来，并将知识点进行规划分组。以知识点为单位，以知识组为单元，自制了17个长度在8—12分钟的视频，共分为7个单元，对应16周的教学计划。17个视频的主要内容包括：学术文章的基本信息(文章类型、目的、读者对象、角度、立场)、学术文章的段落阅读和分析(主题、观点和论据)、论文阅读和写作(引言、主体和结论)、写作方法和技能(改写和概括)、教科书的结构和阅读、期刊论文的检索和阅读(选择性阅读和论文结构)、引用和参考文献(应用和格式)、学术报告阅读和写作(结构和数据描述解读)等，并针对每个视频设计相应的练习自测题，题型包括多项选择题、单项选择题、填空题和判断题等。课前资源的教学重点在于知识点的传授，并通过课前练习巩固识记和理解，并实现初步应用。

课中的教学目标是巩固记忆，加深理解、拓展、应用、分析和评价(部分)。课中以U校园、腾讯会议和QQ教学群等教学平台为工具，以教材练习和学校图书馆数据库中的学术文章为教学资源。此外，教师立足学生自身的专业，结合课程知识点，检索、分析和评价数据库(如Web of Science)中的学术论文，实现知识的应用、分析和评价(部分)。

课后的教学目标是评价和创新。立足学生专业，通过"项目"实现知识的评价和创新。学生立足自己的专业学习情境，利用课前和课中信息资源，通过小组合作学习，自主完成"项目"——包括项目前阶段(项目的计划和准备阶段)，项目实施阶段(实践调查、文献梳理、数据收集、资料分析、学习总结、报告撰写等)和项目后阶段(汇报学习发现、展示学习成果、反思学习过程、评价学习效果以及提升学习理念等)。

课前资源要求学生自学，因此在难度上应适应学生的英语语言能力和自学水平，同时通过相应的自测题引导学生思考和讨论；课中资源难度较课前资源更大，需要学生合作讨论和应用，引导学生积极思考和分析；课后的任务目标则是思维训练和探究为主。课前、课中和课后三个阶段的资源在难度上层层递进，为学生创造思考的空间；在教学方式上兼顾学生的自由度和实践探究；在教学内容上注重知识积累和思维能力训练，由此响应"金课"建设"两性一度"的要求。

4. 教学设计

4.1 教学总体设计

《学术英语（读写）》课程以"产出导向"教学法和翻转课堂为总体设计理念。产出导向法由北京外国语大学的文秋芳教授（2015）提出，旨在构建中国特色的外语教学理论。产出导向法的理念包括：第一，提倡"学习为中心"，以实现教学目标和有效学习。教学目标和有效学习的实现是师生共同努力的结果。教师在教学活动的设计中采用适应教学目标的"最佳形式"引导学生，而学生利用教学活动实现有效学习，从而共同完成教学目标；第二，"学用一体说"，"输入性学习和产出性运用"密切结合，主张以知识传授为媒，以能力提高为要，变惰性知识为实践能力。根据产出导向法，将教学分为驱动、促成和评价三个步骤，同时对应课前、课中和课后三个阶段与学生自学、师生合作探究和实践创新三种教学形式，实现知识传授、探究学习以及实践创新的教学目标。本课程总体设计理念如图2所示：

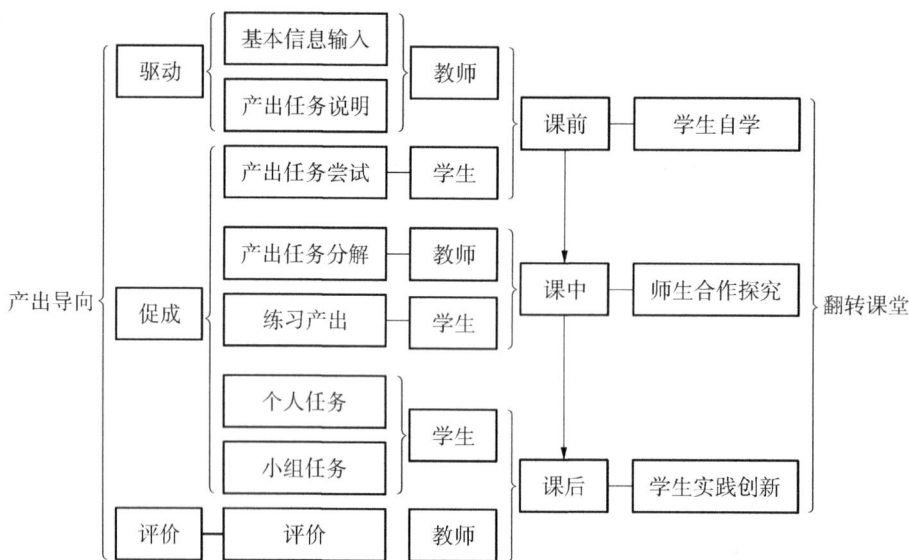

图 2 《学术英语（读写）》课程总体设计理念

具体而言，本课程采用"产出导向+翻转课堂"模式：

课前，教师通过基本信息输入和产出任务说明，让学生明确学术活动的场景，激发其学习兴趣；并通过课前任务，鼓励学生进行"产出尝试"。总而言之，课前以学生自学的形式实现初步的"学生个人促成"；

课中，为降低单元产出任务难度，教师将产出任务进行描述和分解，并引导学生进行产出练习。在此过程中，通过师生合作和生生合作，完成探究性学习，实现进一步的"师生

促成";

课后,教师是学生学习任务的评价者,通过构建师生动态交互评价平台,进一步促成学生的"任务产出";学生则通过个人任务、小组任务和项目实施,实现知识的实践创新,并最终实现"生生促成"。

4.2 在线教学组织与实施

（1）课前（before-class）

教师活动:1）对相关教材内容进行准确提炼、深度加工,使之更加适合学生的自主学习。同时,选取与本节课程相契合的知识点,录制微课,并设计与知识点相对应的练习题,以实现学生视频自学过程中知识点的自测和巩固,并于开课前完成练习题在U校园教学平台上的发布和共享(图3);2）编写本节课"课前任务单"(task sheets)(图4),以明确本节课的输入信息和产出任务说明。输入信息包括学术信息(学术知识点)和语言目标(需要掌握的单词、短语或者语法等)。产出任务说明即学生需要掌握的能力和技能。课前任务单也通过"U校园"平台发布。教师根据U校园统计的学生课前自主预习情况,调整和确定教学的重点和难点;3）设计课堂开始时5—10分钟的检测练习题和思考题,并通过"U校园"发布。

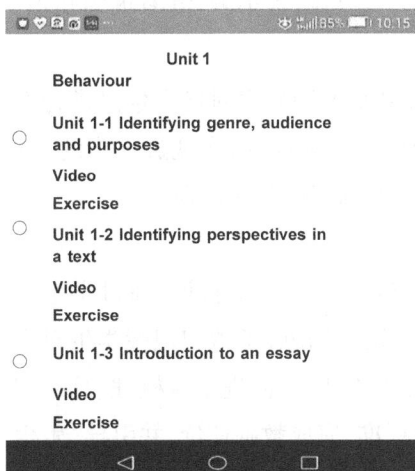

图3 课前自学视频

Task sheet unit 2－1

Contents		For: AR unit 2－1: Identifying topics, main points and supporting details in a text
Week/date	Week: 6nd	Date: 2020/3/25－26
Before class	Title of the video	Identifying topics, main points and supporting details in a text
	Objectives of the video	To inform what are topics, main points and supporting details; To give a full picture of how an argumentative text might be structured;
In-class	Objective of the flipped class	Knowing the logical order of the author to help reader follow his/her argument; To develop students' abilities to identify topics, main points and supporting details in a text; To acquire selective reading skills; * To identify stances in essay writing; *
Important materials	words you need to know	uneven(adj.), splashy(adj.), install(v.), variation(n.), bulk(n.), tariff(n.), deployment(n.), grid(n.), remuneration(n.), burgeoning(adj.), stance(n.), deregulation(n.), penetration(n.), incentive(n.), blade(n.), gearbox(n.), generator(n.), turbine(n.)

图4 课前任务单

学生活动:学生通过自学微课视频并完成视频结尾处的练习题,对知识点进行初步理解和掌握,并通过"课前任务单"了解学习目标。

设计意图:为学生提供基本信息输入,明确学术活动的场景,激发兴趣,使学生明确产出任务的内容,促成学生的"产出尝试";引导学生通过自学发现问题并进行多维思考,提高学生的自主学习意识。

（2）课中（in-class）

教师活动：1）将单元产出任务分解，并设计每节课的任务，使产出任务与输入信息高度契合，并根据任务难度和学生课前的学习情况对任务进行"进阶式"分解，形成"子任务"（图5），对教学任务进行分解。教学互动过程中可通过任务环节的增加或减少，来调整其难易度，使其适合学生当前的水平；2）创造开放性思考的环境，通过生生合作和师生合作，调动学生积极性，提高学生的学习参与度。教师注重引导学生进行产出练习，进而完成探究性学习；3）在课堂上安排科学合理的"刻意练习/小测"，使用"U校园"进行实时发布，使其间隔穿插于课堂中。练习/小测形式多样（单选题、多选题、填空题、自由讨论的问答等等）、用时短，目的在于复习巩固知识和提高学生对课堂的关注度。

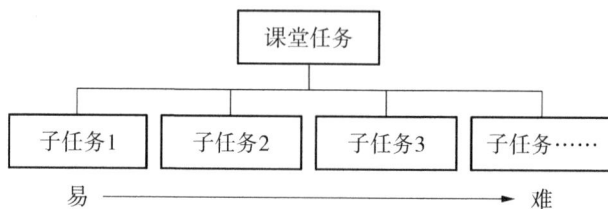

图5　课堂任务分解示意图

学生活动：以任务为驱动，完成由易到难的子任务。参与随堂小测，复习巩固知识，解除疑惑，实现知识点的吸收和内化。

设计意图：运用"进阶式"子任务，引导学生根据自身水平和能力对输入信息进行选择性学习和利用（张文娟，2016）。在此过程中，通过合作讨论和探究，实现进一步的"师生促成"，协助学生"产出"。培养学生的批判性思维和自我探索的学习习惯。

（3）课后（after-class）

教师活动：课后要求学生完成关于知识点的思维导图，实现学生自评；通过学生在QQ学习群上的讨论和反馈，以及他们课后对知识点的总结和回顾，了解和把握学生对本节课知识的掌握情况，据此设计并布置个人任务和小组任务，以此促进学生梳理、总结和应用本节课所学到的知识；对任务的完成情况制订评价标准，完成教师评价，并引导"生生互评"（图6），实现多维动态的交互评价。

学生活动：完成个人任务和小组任务，对知识进行梳理，完成本部分内容的思维关系导图，并将所学应用于实践，完成与学生专业相关的任务，并在"U校园"上提交。学生要对自己和他人的任务完成情况进行评价，由此，实现"生生促成"。

设计意图：以任务为驱动，推动学生知识的应用，实现知识迁移，培养和提高实践能力和创新能力。

Class	Number of group members	Name of group chair	Date
Class 3	4	刘 xx	2020/5/19

| Description of tasks（you can tick the task of the stage） ☐Stage 1：April 8/9—April15/16 Decide your topic ☑Stage 2：April 15/16—April 29/30 Collect and research articles or materials ☐Stage 3：April 29/30—May 20/21 Organize your presentation ☐Stage 4：May 20/21—May 27/28 Present what you have done ||||

Name of group members（名字+序号）	冯 xx 11	刘 xx 14	刘 xx 23	秦 x 1
Evaluation for the member （说明：A 表示积极参与；B 表示参与但投入度不高；C 表示未参与）	A	A	A	A

图 6　生生互评

5. 考核方式

泰勒（1989）认为,教学评价在于确定课程和教学大纲在实际操作中实现教育目标的程度。而学生的成绩直接而明确地反映了教学目标的实现情况。《学术英语（读写）》课程对学生成绩进行多维度、开放性的考核和评价,考核方式分为平时成绩（40%）和期末考试成绩（60%）两部分（图7）。其中,平时成绩占比较大,目的在于关注学生的学习过程（吴秀兰,2008）。通过自学和测试激发学习动机、激励自主学习,通过作业和课堂互动提升合作和参与意识,通过思维导图和项目展示培养创新能力和批判性思维。教师通过学生的日常表现,对教学进行及时反思与调整。

平时成绩进一步细化为 U 校园视频观看和练习、U 校园随堂测试、U 校园作业（作文/思维导图）、课堂互动（回答问题和作业展示）、项目（Project）展示和 U 校园出勤签到（缺勤一次扣 2 分）等六项,并明确规定每一项的分值和要求,促成有效教学：

（1）U 校园视频和练习：U 校园平台设置记录学生最近一次的学习成绩,鼓励学生反复观看,查漏补缺；

（2）U 校园随堂测试：U 校园发布多样化的随堂小测（3—4 题）,侧重对课堂学习目标、语言知识和综合信息的考查,以巩固知识点；

（3）U 校园作业（作文/思维导图）：每份作文和思维导图都进行线上批改,给出评语,指出存在的问题和改进方法；

（4）课堂互动（回答问题和任务展示）：侧重开放性、思考性和批判性问题,创建课堂

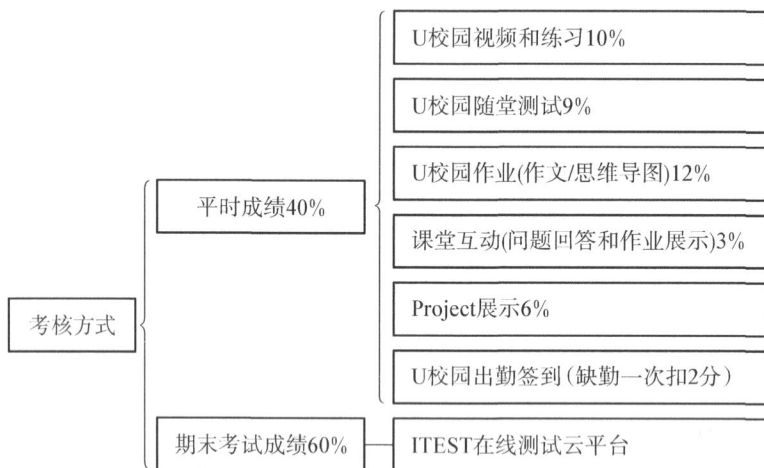

图 7 《学术英语(读写)》课程考核

开放性思考和分享的环境,鼓励学生进行课堂参与;

(5)项目(project)展示:给出详细的评分标准,引导学生在其专业情境下有效应用知识;

(6)U 校园出勤签到:U 校园平台课前发布课堂签到码,学生可在课堂前 10 分钟随时完成课堂签到。

期末考试试题由于采用在线考试形式,命题侧重于能力测试,重点考查学生在实践中运用所学知识的能力,例如考题阅读材料采用真实语料,如学术报告或学术论文,要求学生根据写作要求对所阅读文献的相关性进行筛选,并遵循学术规范引用相关文献。

6. 教学成效

"U 校园"在线学习数据显示,学生全部完成在线学习(总数为 97 人,除 3 人免修,1 人休学)。

本课程在期末(第 16 周)对学生学习效果展开问卷调查,共包含 13 个选择题(4 个单选和 9 个多选)和 1 个开放性问题。参与调查的学生共 71 人,调查结果显示:从整体来看,绝大部分学生学习效率高(非常高 25.35%,较高 64.79%);80.28%的学生学习态度积极;如果有机会参与学术交流,绝大部分愿意积极投稿或参与(非常愿意 29.58%,愿意47.89%);愿意向低年级学生推荐学术英语课程的学生比例为 94.37%(非常愿意 39.44%,愿意 54.93%)。

在开放性问题"学术英语读写课程哪里需要改进"中学生表示:

"已经非常完美啦,尤其是老师人超级好哇!不但给我们传授知识,还能照顾到像我这种差生的情绪,不敢回答问题时,老师的鼓励让我受益匪浅! 非常感谢老师!"

"都挺好的。特别是老师对小组任务和每周任务布置得清晰且时间规划合理,提高了学习效率。Mindmap 也是第一次做,很有收获!"

"没啥需要改进的,对我帮助很大,我要出国,现在看英文文献能明白结构框架了,很感谢老师一个学期的教导。"

教师也对整个教学过程进行反思,具体包括:第一,通过课前学生自学和产出引导,让学生更加明确学习目标和知识点的实践用途,从而增强了学生参与课堂活动的主观意愿,对教学效果产生积极影响(Arnold,1999);第二,文秋芳(2015)指出"学"必须是学生独立自主的行为,教师不能代劳。课中的生生协作和教师协助的"师生促成"模式强化了学生独立自主的学习。此外,子任务创设不同的知识点应用情境,更重要的是其"进阶式"特点促成不同难度的产出,增加了产出的韧性和空间,实现了知识点和语言本身的双重实践(张文娟,2016);第三,课后的项目实践要求基于课中子任务的训练,实现连贯产出,既是对课前和课中这两个教学阶段任务的深化,也是对这两个教学阶段效果的检测。通过对项目的生生互评和教师评价,教师可以获得本次教学活动的全方位反馈,从而为调整教学内容和改进教学活动设计提供参考。

7. 特色与创新

《学术英语(读写)》课程以"智慧教学"为特色,其创新点体现在学生培养、教师角色和智慧工具等三个方面,如图 8 所示:

首先,《学术英语(读写)》课程的在线教学坚持"学习中心"(文秋芳,2015),即教学以"任务产出"为导向,基于"翻转课堂",以实现教学目标并促成学生的"有效学习"。通过自建 SPOC 课程,帮助学生获取、识记、理解知识点,培养高效的自主学习能力;通过课程活动和任务设计,引导学生类比、抽象、整合、拓展、发散,增强学生的批判思维能力;通过实施"任务"和"项目",提高学生的实践创新能力以及团队合作交流能力。

其次,教师在智慧教学过程中发生了角色转变。在线教学中,教师不是"教"者,不再要求学生"学",而是"虚拟学习社区"的创建者。所谓"虚拟学习社区",是指教师和学生"在网络环境下,通过获取、产生、分析和合作建构知识的对话与被指导的学习过程所形成的人际团体与学习环境"(王陆,2009)。通过教学平台和网络工具,教师在课前制订周密精确的教学目标,精心选择契合的输入信息,分解安排科学合理且层次分明的任务,巧妙设计教学活动,如课前自学、教师讲授、个人思考、小组讨论、案例展示、任务分享、课堂小测等,以实现不同的教学目的,如激发兴趣、引导尝试、答疑解惑、批判思维、交流协作、巩固加强等。此外,教师注重建立开放性的思考环境和多维的评价环境,"引导"学生参与学习,有效解决了在线教学中教师与学生之间的地理隔阂。恰当的言语鼓励和及时真挚

```
                                          ┌─────────────┐
                        ┌───学习中心───┤   产出导向   │
                        │             ├─────────────┤
                        │             │   翻转课堂   │
                        │             └─────────────┘
              ┌─学生培养┤             ┌─────────────┐
              │         │             │  自主学习能力 │
              │         │             ├─────────────┤
              │         │             │  批判思维能力 │
              │         └───能力培养───┤─────────────┤
              │                       │  实践创新能力 │
              │                       ├─────────────┤
              │                       │  合作交流能力 │
              │                       └─────────────┘
              │                       ┌─────────────────┐
   智慧教学────┤         ┌─学习社区创建者┤ 创建开放性思考的环境│
              │         │             ├─────────────────┤
              │─教师角色─┤             │  创建多维的评价环境 │
              │         └─情感交流推动者 └─────────────────┘
              │                       ┌─────────────────┐
              │         ┌─教学工具智慧化┤PPT及手写板书、U校园、│
              │         │             │ 腾讯会议、QQ     │
              │         ├─学习工具智慧化┤─────────────────┤
              └─智慧工具─┤             │U校园、SPOC课、数据库│
                        ├─评价工具智慧化┤─────────────────┤
                        │             │   U校园、QQ      │
                        └─学习空间智慧化┤─────────────────┤
                                      │  U校园、腾讯会议   │
                                      └─────────────────┘
```

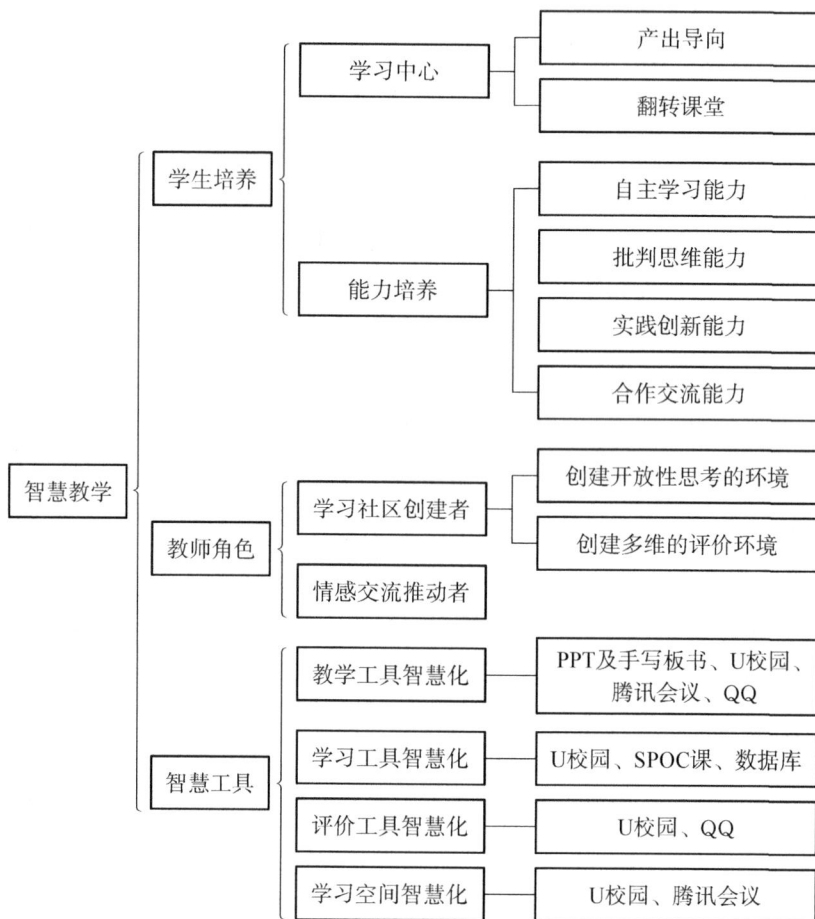

图 8　《学术英语(读写)》线上教学的创新与特色图示

的积极反馈让学生感受到"在线"亦如"在教室"。线上学习平台也是师生情感交流的平台。

再次,本课程的一大特色是智慧工具的使用,包括教学工具的智慧化、学习工具的智慧化、评价工具的智慧化和学习空间的智慧化等。

8. 结语

在线教学既需要教师的精心设计,也需要学生的积极配合。线上教学所使用的数字教学平台,如 U 校园、腾讯会议和 QQ 学习群等,为教师保存了大量的教学资源和学生的即时学习数据;同时也为教师尝试新的教学方法(如产出导向和翻转课堂等)和智慧工具提供了技术平台和资源。笔者未来将基于上述资源、数据和实践,对教学设计进行不断更新迭代。

参考文献：

1. 蔡基刚，2012，"学术英语"课程需求分析和教学方法研究[J]，《外语教学理论与实践》(2)。

2. 泰勒，1989，怎样评价学习经验的效用[A].载瞿葆奎主编，陈玉琨、赵永年选编，《教育学文集（第16卷）：教育评价》[C]，北京：人民教育出版社。

3. 王陆，2009，虚拟学习社区的社会网络分析[J]，《中国电化教育》(2)。

4. 文秋芳，2015，构建"产出导向法"理论体系[J]，《外语教学与研究》(4)。

5. 吴秀兰，2008，形成性评价在国内高校外语教学中的应用研究综述[J]，《外语界》(3)。

6. 吴岩，2018，建设中国"金课"[J]，《中国大学教学》(12)。

7. 张其亮、王爱春，2014，基于"翻转课堂"的新型混合式教学模式研究[J]，《现代教育技术》(4)。

8. 张文娟，2016，基于"产出导向法"的大学英语课堂教学实践[J]，《外语与外语教学》(2)。

9. 周开发、曾玉珍，2017，新工科的核心能力与教学模式探索[J]，《重庆高教研究》(3)。

10. Arnold, J. 1999. *Affect in Language Learning*[M]. Cambridge: Cambridge University Press.

作者简介：

丛晓芳，女，哈尔滨工业大学（威海）讲师。研究方向：英语教学。电子邮箱：rachelcong@ 126.com。

姜翔宇，女，哈尔滨工业大学（威海）讲师。研究方向：外语教学、外语教育、二语习得。电子邮箱：jiangxywh@ 163.com。

指向全球胜任力的中学英语融合课程：
内涵、原则与实践[*]

上海工程技术大学　　亓明俊

摘要：培养具备全球胜任力的人才对于构建人类命运共同体意义重大，同时对基础外语教育提出了更高要求。在界定全球胜任力和融合课程概念内涵的基础上，本文提出新时代背景下指向全球胜任力的中学英语融合课程应注重提升学生的民族文化认同感、全球问题理解力、跨文化沟通力和合作探究行动力，遵循学科融合性、问题导向性、情境真实性和知识探究性原则。并进一步探索由设计、实施、评价和反思构成的全球胜任力指向下的中学英语融合课程实施框架，以期为全球胜任力培养和全球治理人才储备提供参考。

关键词：全球胜任力；融合课程；框架

1. 引言

2021 年教育部工作计划中明确提出要深入推进基础教育课程改革，着力培养学生的创新精神和实践能力，作为全球胜任力的两个核心要素，这在本质上为指向全球胜任力的基础教育课程改革提出了要求。2020 年教育部新修订的《普通高中英语课程标准》（中华人民共和国教育部，2020）指出，课程需"突出以主题为引领、以语篇为依托、以活动为途径的整合性教学方式"，英语课程应把"语言学习、信息整合、意义探究、文化比较和价值判断"融为一体。学科的融合取向对全球胜任力培养的意义因此凸显。然而从英语教学一条龙的理念来看，目前基础教育阶段英语课程资源开发与利用的相关研究非常有限（程晓堂，2019），从中学初级阶段开始将全球胜任力元素融入英语课程，开发并实践一系列融合课程，对于提高学生语言沟通技能、跨文化思辨能力和合作探究解决实际问题的能力具有重要意义。本研究首先分析全球胜任力指向下的中学英语融合课程的内涵和实施原则，并根据田野调查的数据尝试厘清融合课程的实施框架，为全球胜任力培养与全球治理人才储备提供启示。

---

　　* 本文系上海市哲学社会科学规划项目"全球胜任力视域下上海大中小学外语教育规划研究"（项目编号：2019BYY017）、上海外国语大学外语教材研究院项目"全球胜任力视阈下中学英语融合课程教材编写理念研究"（项目编号：2021SH0014）、上海工程技术大学教学改革项目"英语学习共同体视域下的研究生全球胜任力培养策略研究"的阶段性研究成果。

2. 概念内涵

2.1 全球胜任力

全球胜任力研究在国外起步较早，不同学者对此界定不一。Iee Olson & Kroeger (2001)将全球胜任力定义为拥有足够的实质性知识、理解力和在相互依存的世界中有效互动的跨文化交流技能。Hunter et al. (2006)对于全球胜任力强调对本国文化的认知和对他国文化的包容以及文化间的协作性参与能力。Thomas et al. (2008)把全球胜任力看作一种文化智力，是一种与对文化的反思认知联系在一起的知识和技术的交互系统。Li (2013)分析了由态度、知识和技能构成的全球胜任力微观维度并通过实验研究开发了全球胜任力测评问卷。

自经济合作与发展组织(OECD)就全球胜任力发布一系列报告[①]以来，国内学者对全球胜任力也开展了相关研究，主要包括他国经验解读、概念剖析、培养策略、评估体系等几方面。如滕珺等(2018)从国家战略角度分析了美国培养全球胜任力的经验，周小勇(2017)分析了各国全球素养框架的异同，王小青(2017)对国际能力、全球化能力和跨文化能力三个概念进行了深度剖析，具春林(2018)探讨了中国培养全球胜任力的体系，徐辉、陈琴(2020)从构建人类命运共同体的概念出发，分析了培养全球胜任力的主要途径，还有学者对PISA的全球胜任力测评报告(张民选、朱福建，2020)进行了解读，并分析了该测评项目对我国学生全球胜任力培养的启示。可见，就全球胜任力培养而言，已有研究或是将之与艺术、社会等科目融合进行探究，或是对融合课程策略展开一般探讨，尚缺乏英语教学视角下的中学生全球胜任力融合课程探究。

熊万曦(2017)指出全球胜任力是一个集知识、技能、态度和价值观的有机体。目前学界已达成的共识是，全球胜任力是一个包含知识、技能和态度的三维框架，笔者认同此观点。刘文媛(2019)的调研表明，中学生亟须提高用英语表达中国文化的能力，即跨文化沟通力。结合习近平总书记"培养社会主义建设者和接班人"等一系列重要论述，笔者认为中国情境下的中学生全球胜任力应包含民族文化认同感、全球问题理解力、跨文化沟通力和合作探究行动力四项子能力，致力于培养"能够在现代世界自由行走的中国人"(滕珺等，2019)，既强调学生的国家认同感又注重其在现代世界生存和发展的能力。具体而言，民族文化认同感是基石，指学生应坚持社会主义和共产主义信念，了解中华民族的奋斗历史，树立家国情怀和中华民族文化自信心；全球问题理解力是核心，指学生应具备国际视野，对全球普遍性问题具备敏感性，并能够合理运用基础学科知识批判性分析全

---

① 2016 年发布 *Global Competency for an Inclusive World*，2017 年发布 *Preparing Our Youth for an Inclusive and Sustainable World*，2018 年发布 *Teaching for Global Competence in a Rapidly Changing World*。

球问题;跨文化沟通力(也称跨文化交际力)是关键,指学生应具备良好的语言素养,能够理解文化差异,具备文化同理心,以及在各级各类实践共同体中与他人开展有效沟通的能力;合作探究行动力是手段,指学生对个人、社会和世界问题的深刻反思能力和应变能力,与他人开展行动实现高效合作的能力。

2.2 融合课程

学校课程是培养学生国际知识和态度的助推剂(agent)(Clark,2004)。Fogarty(1991)指出课程设计要以融合为导向。基于人本主义教育思想提出的"融合教育"旨在整合集体学习与个人学习中的认知性和情意性两种要素,认为教育中情意与认知是不可分离的(钟启泉,2012),该教育思想是融合课程的出发点。国外学者关于融合课程的主要观点分为两类,一是将其界定为一种思路或方式,例如 Banks(1993)认为融合是教师使用来自不同文化和群体的示例和数据以说明某学科中的概念、原则和理论;Beane(1995)认为融合是一种认识学校愿景和运用知识的思维方式,是对个人意义和社会意义的再思考。二是将其视为具有多学科属性的课程方式,持这种观点的学者较多。例如 Fogarty(1991)指出课程的融合本质上是依托某内容或主题,不同学科的思想、推理和问题解决技能的融合;Parker(2005)认为融合是有意识地运用多学科知识和方法理解某观点或事件的工具;Badley(2009)指出融合是一种鼓励学生认识各学科内容之间联系的课程;Hudson(2012)提出融合课程是两个(或更多)关键学习领域成就标准的规划、教学和评价。

国内学者大多与上述第二种观点一致。张华(2001)指出所谓"综合课程"(integrated curriculum)是一种课程组织取向,指有意识地运用两种以上学科的知识观和方法论去考察和探究一个中心主题或问题,融合课程是综合课程的高级表现形式。陈式华(2016)把融合式教学也称为现象教学或话题教学,是指针对学生感兴趣的现象或话题进行跨领域、多学科教学。刘登珲(2019)则提出融合课程是指两个以上的近似学科融合为单一学科的过程。本研究的融合课程是以培养学生全球胜任力为根本目标,以主题模块式教学为重要途径,以多学科知识技能为主要依托的新型课程模式。

2.3 指向全球胜任力的中学融合课程

除概念研究外,相关学者对融合课程的研究包括教师、学习者、案例分析、中外对比等,目前以学生全球胜任力培养为目标的英语融合课程的理论与实践探索较少。就融合课程的概念而言,已有研究大多突出了融合课程的多学科性质,而指向全球胜任力的融合课程应着眼于学生的全球意识、合作素养和探究能力。指向全球胜任力的中学融合课程就其本质目标而言是要提升学生运用英语发现问题并解决问题的能力,应从全球胜任力目标出发,确定适合学生学段和能力的主题,各学科教师根据该主题创设教学情境,引导学生通过团队协作,思考并挖掘该主题下的实际问题,运用一定的学科知识和方法探究并解决问题,在此过程中培养正确的价值态度并提高其知识技能。

从上文分析的全球胜任力四项子能力出发,本研究将指向全球胜任力的融合课程定义为:从学生和学校实际出发,聚焦个人、社会和世界的现实问题,以培养学生全球胜任力为旨归,以师生学习共同体实践探究为路径,以合作产出为导向,具备学科融合性、问题导向性、情境真实性和知识探究性的浸润性课程形态。其本质在于通过反思、对话、分析和行动不断提升中学生的民族文化认同感、跨文化沟通力、全球问题理解力和合作探究行动力(图1)。

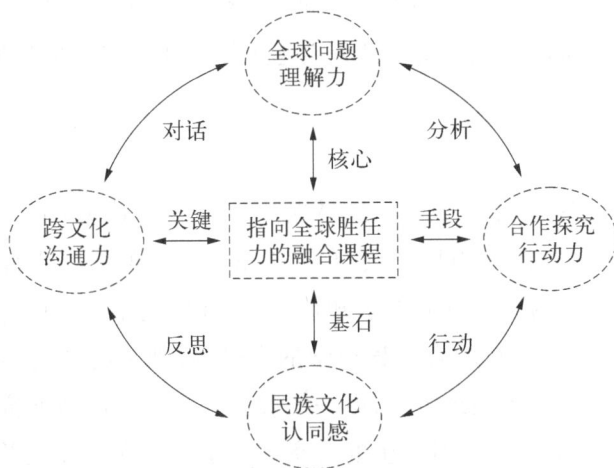

图1　指向全球胜任力的融合课程概念图

3. 课程原则

布鲁纳人本主义教育观认为教育的目的是把人培养成为"自我实现的个人",提倡认知学习与情意学习相统一,注重挖掘学习的内部动机即兴趣,注重教育内容与社会发展相统一。笔者认同该理论,并将其作为本研究的理论依据和出发点。基于以上全球胜任力融合课程的内涵,笔者认为融合课程的设计与实施应遵循学科融合性、问题导向性、情境真实性和知识探究性原则,强调多学科融合视角下以解决特定情境中的问题为核心的任务式探究学习,以提升科学设计、促进有效实践,真正提高学生的全球胜任力。

3.1　学科融合性

美国学者贝拉克(1990)提出"学科知识犹如水库,在需要时就从中提取事实和思想,强调依据所要解决的问题而排列的现实的知识顺序"。指向全球胜任力的融合课程属于学科融合式整合,通常是在关系较为密切的学科(交叉学科或关联学科)范围内通过两门以上学科的知识集中、均衡地开展课程(车丽娜、韩登亮,2017)。首先,从直观和描述性的角度看,integrated curriculum 的核心理念是使课程中分化了的内容有机联系起来以实现一体化(黄甫全,1996)。就本质而言,课程融合需要学生具有一定的语言素养、信息技术和计算能力等(Hudson,2012),如就某一主题学生需通过网络检索并阅读相关网站上的信息,对其进行一定的统计分析等,这本身就是语言、数学和信息课程的融合。其次,课程的融合打破了学科界限,能够弥补单一学科的不足,建立不同学科知识的有机关联,实现不同学科的知识协同,从而有利于开拓学生思维,促进知识联动。具体而言,指向全球胜任力的融合课程应以学科融合为手段,通过主题素材的思考,围绕全球胜任力的目标,从知识、技能、价值、态度等方面着力挖掘不同学科对该主题下不同问题的思考维度和应对方式,引导学生从不同学科视角分析课程主题涉及的相关问题,内化吸收多学科知识并尝试解决问题。

3.2 问题导向性

学习者的企求、兴趣、本性,是决定课程内容和教学成效的主要因素(钟启泉,2012)。以生活中的实际问题为切入点,有利于增加学生的学习兴趣,提高学习效果。融合课程应结合中学生对客观世界的求知欲,着力开发基于问题的课程方案。具体而言,问题导向性原则应体现在融合课程教学的全过程,即主题选定、素材挖掘、活动设计、目标达成等。首先,在主题选定时,由一线教师和高校教师或研究人员组建的课程开发团队从学生实际出发,通过对学生的观察和与学生的交流发现并思考学生生活和学习中的常见困惑,逐步形成适合教学、具有可操作性的学习任务。同时,在教材内容知识的选择上,必须根据学习者的需求和对学习者的问题解决有所帮助来确定,教学步骤的设计也应适合学习者的学习方式(钟启泉,2012)。因此,开发课程时应通过头脑风暴式的智慧碰撞汇聚教学资源,挖掘集知识、技能和价值培养为一体的教学素材。在教学活动中,围绕问题开展课堂活动,引导学生以小组为单位提出问题、讨论问题、搜集数据、分析数据、形成结论、分享结论,提高学生发现问题、研究问题并通过小组协作解决问题的能力。

3.3 情境真实性

特定的情境能够激活行动主体的思维,帮助人们理解意义、增加经验,有利于指导探究主体顺利开展实践活动(亓明俊、王雪梅,2020)。根据布鲁纳人本主义课程理论,"学校课程必须同青少年的生活即现实的社会问题联系起来"(钟启泉,2012)。教育的问题存在于学生的生活经验之中,应选择对学生来说有意义的教材或素材。"课程的开发要以学生的生活为目的,使学生通过参与课程开发投入自身生活之中,并在生活中进行合理决策"(袁利平、杨阳,2020)。因此,教学活动应从主题情境出发,引导学生发现生活和学习情境中的困惑和问题,并在教师指导下开展探究性学习。使课程回归当下的生活,"增加生活向度的素材"(王宇珍、程良宏,2021),利用议题的真实性激发学生学习的主动性和参与性。全球胜任力要求学生具备关于本土、全球的跨文化议题等相关知识，融合课程的主题式教学需要将全球性议题和跨文化主题植根于真实世界中，引导学生发现实际生活中特定情境下的问题，进而思考并研究问题，不断提高学生通过课程建构意义的能力。

3.4　知识探究性

戴炜栋、刘春燕（2004）在剖析学习理论时总结到，人本主义认为学习必须将认知与情感合二为一，是有意义的心理活动过程，而建构主义学习观则认为学习者要发挥主体作用，借助他人的帮助和必要的资料进行学习，从而实现意义的建构，这也呼应了人本主义所倡导的小组合作学习，同时与施瓦布倡导的实践探究学习思想（袁利平、杨阳，2020）不谋而合。笔者认为，全球胜任力融合课程提取人本主义和建构主义的精华，从儿童的本性和需求出发，既注重学生情感态度的培养，又强调他人的推动力和学习中介等资源的重要性。"任何知识都是从求解问题的对话活动中产生的"（钟启泉，2020）。学习是一种探究活动，融合课程的学习更加注重每个学生的学习过程，着力挖掘学生个体和小组的能动性。学生在教师的引导下，遵循科学研究的一般程序去发现并解决实际问题。在此过程中，包含个人反思和集体反思的反思性学习是探究学习的灵魂，而同伴互助则起到重要他人的作用，推动反思性学习的螺旋上升。在融合课程实施中，学生以4—6人的小组为单位，共同发现并聚焦问题，通过网络或调研搜集数据，通过小组讨论分析数据以促成研究结果，最后通过口头阐述或撰写研究报告与他人分享。融合课程提供师生对话和生生对话的机会，打造师生学习共同体，在协作、自由的氛围中加强主体间性的互动，不断激发学生的学习力和探究力，实现深度学习。

4. 课程实施

基于以上原则，我们尝试探索英语融合课程实施下的全球胜任力培养框架，"将全球性议题和跨文化学习主题整合入学科课程和活动中"（张民选、朱福建，2020）。笔者作为高校教师，以参与式观察者（participant observation）（Dörnyei，2007）的视角记录了上海某中学英语融合课程项目的实施过程，结合调研结果和国内外研究提炼出了全球胜任力融合课程的框架，在这一过程中注重突出本土性和融合性，着眼于构建"本土化的全球胜任力框架"（徐辉、陈琴，2020），以培养我国学生的全球胜任力。

以培养学生的全球胜任力为旨归的融合课程应以明确目标为先导，以课堂活动为抓手，以学科融合为动力，以小组探究为形式，以过程评价为手段，以互通反思为推手，优化课程方案，提升课程质量，不断探索指向全球胜任力的中学融合课程的实施路径，为高校输送更多高质量人才。具体而言，融合课程从设计、实施到评价、反思，遵循以下路径（图2）。

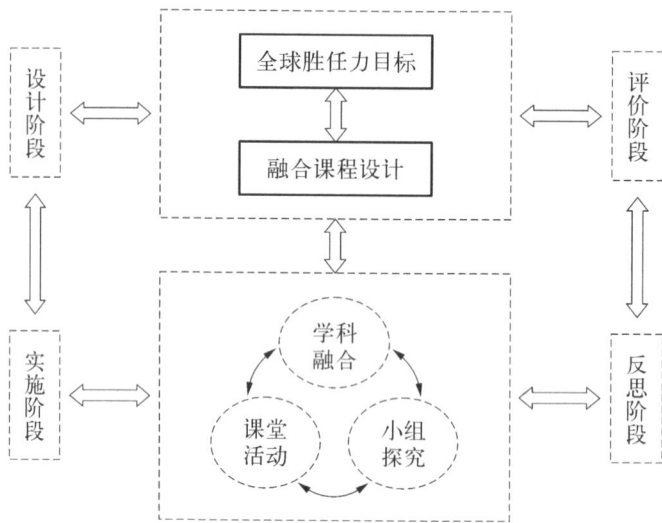

图2 指向全球胜任力的融合课程实施框架图

4.1 设计阶段

课程资源开发始于设计。首先要明确主题。目标是课程设计的出发点,融合课程围绕全球胜任力的核心目标,着眼于落实立德树人根本任务,全面提升学生的民族文化认同感、跨文化沟通力、全球问题理解力和合作探究行动力。根据学段学情,由高校教师与中学一线教师构成的教研共同体通过协商共同确定英语融合课程的教学主题。其次要搜集素材。人本主义理论认为,只有对个人有意义的学习材料进行学习,才是真正的学习(刘宣文,2002)。确定目标和教学主题后,融合课程教研共同体搜集与主题相关的难度适中的文本、音视频等素材,通过微信群等共享共商,完成初步的教学活动设计。搜集到一定数量的素材后,由中学一线英语教师设计教案初稿,包括课时分配和课堂活动等,同时适时邀请其他学科教师参与备课与授课,期间高校教师应到中学现场听课并在集体教研时与一线教师开展头脑风暴式讨论,在课堂教学前、后的讨论中不断完善教案,提升教学效果。

4.2 实施阶段

基于设计阶段的教研产出即素材和教案,融合课程的实施主要凸显以下三点。一是围绕教学主题,构建以英语教师为主、其他学科教师为辅的教研共同体。成员开展头脑风暴,集思广益,吸纳多学科教师的集体智慧,从不同学科视角出发,探究多途径、多层次的问题解决路线。在此过程中,将学生目前的知识储备和认知能力考虑在内,重点挖掘本学段内学科知识的应用和探究。二是聚焦课堂活动,将教学设计融入课堂教学。在每周一节的融合课中,任课教师根据课题组的集体备课思路,将共同体的教研精神融入课堂教学各环节，组织学生开展多样的学习活动；同时，课题组其他成员亲临课堂，通过非参与式观察，捕捉学生和教师在课堂的活动，记录整个课堂活动的实施，反思教案的不完善之处并进行详细的笔头记录，供课后磨课讨论。三是鼓励小组探究，促进学生的合作学习能力。根据班级人数，把学生分为4—6人的小组，学生以小组为单位开展课内外的小组学习活动，例如上课时学生根据教学情境进行角色扮演式对话或小组内头脑风暴讨论并回答教师提问，下课时根据教师要求完成资料查找、PPT或Poster制作、研究报告撰写或课堂口头汇报等小组任务。

4.3 评价阶段

科学的评价有助于制定更有意义的教育决策。融合课程项目同时致力于构建项目实施的体系化评价方案。教师评价方面，全球胜任力课程要求教师也应具备一定的全球性知识、跨文化思辨沟通能力和对全球多样性及差异性的尊重，因此课题组同时开发了教师全球胜任力测评量表，旨在考查教师以全球胜任力为旨归的知识、技能和态度等与目前教学活动中的全球胜任力元素，并通过调查在一定程度上唤起教师在项目参与和课程教学中的多维视角和全球意识，促进评价对教师行动的积极反拨，从而推动项目的有效进行。对于学生评价，则秉承过程性原则，一方面研制开发中学生全球胜任力测评量表，在学期初和学期末对学生开展集体问卷式测评，量表涵盖知识（例如全球性议题熟悉度、其他文化的知晓度）、技能（例如环保等全球性问题的调研能力、跨文化交际能力等）和态度（例如对全球多样性及差异性的尊重和包容）等方面，另一方面制定学生小组活动评价表，在课程开展过程中主讲教师注重记录每个学生的表现，包含学习活动参与度和任务完成度等，同时引导学生开展自评和互评，力求多维度考查学生，不仅记录学生的自我成长，同时引导学生关注他人的进步和不足，培养学生开放、包容的态度。

4.4 反思阶段

反思是实现知识内化、提高行动有效性的关键途径。全球胜任力目标下融合课程的有效实施离不开课程开发人员（高校教师与一线教师）持续的积极反思。教师通过研磨教案和打造课例实现从"观而学"（look and learn）和"读而学"（read and learn）到"思而学"（think and learn）及"参与而学"（participate and learn）（杨鲁新，2019）的良性循环。一方面，研磨教案。每周一次的融合课程教学结束后，课程开发人员第一时间召开碰头会，既从宏观上梳理本周融合课程在整个项目的逻辑位置和该主题教学的线索思路，又从微观视角探讨教学素材、教学方法、课堂活动等教学环节中的具体问题。紧密围绕主题教学，共同反思交流，并由主讲教师根据会议达成的一致意见优化教案，各成员再次润色完善，形成终稿。另一方面，打造精品课例。根据全球胜任力融合课程的总体安排，课题组在每个主题的教学结束后，由主讲教师汇集该主题的所有教学素材，撰写教学课例初稿，所有教师参与修改提炼,最终形成包括阅读文本、教学音视频、教学课件、学生手册和教学课例等相关素材在内的主题教学资源包,供下一轮融合课程的授课教师参考选用。

5. 结语

梅德明(2018)指出新时代外语教育应助力构建"人类命运共同体",在外语教育中融入全球胜任力的培养和发展。中学生全球胜任力培育融合课程设计坚持主题引领,力求产出导向,聚焦学法指导,重视评估反馈;注重在设计中落实学生核心素养,渗透"全球胜任力"的培育,体现校本特色,实现服务学生成长和教师专业发展的目标。未来期待在实践中探索出有效、持久的体系化实施方案,从而在全国范围内推广,助力我国学生全球胜任力的培养。

参考文献:

1. 贝拉克,1990,知识的结构与课程的结构[A]. 载瞿葆奎编,《教育学文集·美国教育改革》[C],北京:人民教育出版社。
2. 车丽娜、韩登亮,2017,学校课程整合的基本范式及现实启示[J],《现代基础教育研究》(28)。
3. 陈式华,2016,现象教学——芬兰 2016 教改新模式[J],《教育与教学研究》(11)。
4. 程晓堂,2019,课程改革背景下英语课程资源的开发和使用:问题与建议[J],《课程·教材·教法》(3)。
5. 戴炜栋、刘春燕,2004,学习理论的新发展与外语教学模式的嬗变[J],《外国语》(4)。
6. 黄甫全,1996,整合课程与课程整合论[J],《课程·教材·教法》(10)。
7. 具春林,2018,三重维度综合评估全球胜任力[N],《中国教育报》,1 月 26 日。
8. 刘登珲,2019,课程统整的概念谱系与行动框架[J],《全球教育展望》(1)。
9. 刘文媛,2019,核心素养视域下的中学英语文化教学研究[J],《天津师范大学学报(基础教育版)》(20)。
10. 刘宣文,2002,人本主义学习理论述评[J],《浙江师范大学学报》(1)。
11. 梅德明,2018,新时代外语教育应助力构建"人类命运共同体"[N],《文汇报》,2 月 9 日。
12. 亓明俊、王雪梅,2020,反思性思维视阈下大学英语教师探究共同体的支持系统建构[J],《外语电化教学》(3)。
13. 滕珺、马健生、石佩、安娜,2019,全球视野下中国"国际教育"现代性本质及其实现[J],《比较教育研究》(41)。
14. 滕珺、张婷婷、胡佳怡,2018,培养学生的"全球胜任力"——美国国际教育的政策变迁与理念转化[J],《教育研究》(39)。
15. 王小青,2017,国际能力、全球化能力和跨文化能力术语比较研究[J],《比较教育研究》(39)。
16. 王宇珍、程良宏,2021,PISA 2018 阅读素养测评:内在架构、导向特征及对我国的启示[J],《基础教育》(1)。
17. 熊万曦,2017,PISA 2018 全球素养的内涵及实践意义[J],《教师教育研究》(9)。
18. 徐辉、陈琴,2020,人类命运共同体视域下全球胜任力教育的价值取向与实践路径[J],《比较教育研究》(42)。
19. 杨鲁新,2019,外语教师专业发展中的矛盾与行动:自我叙事研究[J],《外语教育研究前沿》(4)。

20. 袁利平、杨阳,2020,施瓦布的"实践"概念及课程旨趣[J],《全球教育展望》(49)。

21. 张华,2001,关于综合课程的若干理论问题[J],《教育理论与实践》(6)。

22. 张民选、朱福建,2020,国际视野下的学生全球胜任力：现状、影响及培养策略——基于 PISA 2018 全球胜任力测评结果的分析[J],《开放教育研究》(26)。

23. 钟启泉,2012,现代课程论[M],上海：上海教育出版社。

24. 钟启泉,2020,学会提问：砥砺多样思维能力的方略[J],《比较教育学报》(3)。

25. 中华人民共和国教育部,2020,《普通高中英语课程标准(2017 年版 2020 年修订)》[S],北京：人民教育出版社。

26. 周小勇,2017,全球化时代呼唤全球素养教育[J],《全球教育展望》(46)。

27. Badley, K. 2009. Resisting curriculum integration: Do good fences make good neighbors?[J]. *Issues in Integrative Studies* (27).

28. Banks, J. A. 1993. Multicultural education: Development, dimensions, and challenges[J]. *Phi Delta Kappan* 75(1).

29. Beane, J. A. 1995. Curriculum integration and the disciplines of knowledge[J]. *Phi Delta Kappan* 76(8).

30. Clark, V. 2004. Students' global awareness and attitudes to internationalism in a world of cultural convergence[J]. *Journal of Research in International Education* 3(1).

31. Dörnyei, Z. 2007. *Research Methods in Applied Linguistics*[M]. Oxford: Oxford University Press.

32. Fogarty, R. 1991. *The Mindful School: How to Integrate the Curricula* [M]. Palatine, IL: Skylight Publishing.

33. Hudson, P. 2012. A model for curricula integration using the Australian curriculum[J]. *Teaching Science* 58(3).

34. Hunter, B., White, G. P. & Godbey, G. C. 2006. What does it mean to be globally competent?[J]. *Journal of Studies in International Education* 10(3).

35. Iee Olson, C. & Kroeger, K. R. 2001. Global competency and intercultural sensitivity[J]. *Journal of Studies in International Education* 5(2).

36. Li, Y. 2013. Cultivating student global competence: A pilot experimental study[J]. *Decision Sciences Journal of Innovative Education* 11(1).

37. Parker, W. C. 2005. *Social Studies in Elementary Education* (12th Ed.) [M]. Columbus, OH: Pearson Merrill, Prentice-Hall.

38. Thomas, D. C., Elron, E., Stahl, G., Ekelund, B. Z., Ravlin, E. C., Cerdin, J.-L., Poelmans, S., Brislin, R., Pekerti, A., Aycan, Z., Maznevski, M., Au, K. & Lazarova, M. B. 2008. Cultural intelligence: domain and assessment[J]. *International Journal of Cross Cultural Management* 8(2).

作者简介：亓明俊,女,上海工程技术大学讲师,博士。研究方向：外语教育与教师专业发展。电子邮箱：bettyqmj@163.com。

外语教育的工具化：问题与对策[*]

上海外国语大学　　邓世平

摘要：学界一直存在外语人文性和工具性的争论,而经济视阈下的外语教育也出现了一定的工具化倾向。本文基于对相关概念的辨析定义了外语教育的"工具化",根据相关社会学理论分析了外语教育的工具化现象,并从外语学科与外语教育自身以及相关社会因素等方面剖析了外语教育"工具化"的原因,进而基于内涵和外延两个维度,提出了外语教育应进一步加强学科内涵建设、全面深化以课程思政为引擎的外语改革、寻求跨学科发展以拓展外语教育的价值外延与影响力等对策。

关键词：外语教育;工具化;内涵建设;课程思政;跨学科发展

1. 引言

新时代背景下,外语教育承担着为我国深入推进"一带一路"倡议和人类命运共同体建设培养具备全球胜任力的高素质国际化人才的重任。作为世界范围内通商通事的重要媒介,外语承载着重要的交流互动功能,具有重要的工具价值、社会价值和教育价值。然而,过于强调"工具性"会使得外语教育逐渐背离其原本的核心属性与诉求,从而走向"工具化"并进一步导致外语教育的"商品化"。外语教育商品化一方面反映出"价值理性的日渐式微和工具理性的绝对强势"(杨显平,2013),另一方面也折射出社会资本对外语教育的渗透和影响。在工具理性和资本的共同作用下,外语教育"被外在的社会整合、再整合,且被社会角色分化等功能主义的目的决定和控制"(张新平、林美,2016)。在此背景下,外语教育如何摆脱商品化的影响、如何坚持"立德树人"的根本任务,成为亟待讨论与解决的重要问题。本文基于对"工具性""工具化""商品化"等概念的辨析,结合相关社会学理论,尝试解析外语教育工具化带来的问题及原因,并从外语学科与外语专业的内涵和外延两个角度探讨外语教育回归本质的路径。

2. 外语教育属性的嬗变：从工具性到工具化,再到商品化

外语教育的工具性与人文性之争由来已久,持"工具性"观点的学者认为,由于整体

* 本文系上海外国语大学第四届导师学术引领计划项目"'一带一路'沿线关键土著语言文化通识课程与质量保障体系研究"(项目编号：2020114214)的阶段性成果。

经济体系的改变，语言表现越来越接近生产过程的中心，外语教学所培养的各种能力就是外语工具作用和经济价值的体现，外语教学不存在所谓人文性（蔡基刚，2017）；持"人文性"观点的学者认为工具性导致外语教育缺乏学科属性，人文性是外语教育的本色（蓝仁哲，2009），也是"构建人类命运共同体"的时代之需（杨金龙、沈骑，2019）；也有学者辨析了"外语教学"和"外语教育"的概念，认为"工具性"与前者相关，而"人文性"在后者中体现（王文斌，2018）；还有学者认为二者可以统一起来（杨忠，2007）。实际上，外语教育的工具性与人文性分别位于一个连续体的两端，过分强调外语教育工具性的认识和做法，使外语教育出现了"工具化"。外语教育的"工具性"是外语功能的体现，但外语教育"工具化"却是其教育性被剥离的重要表征。在新文科建设背景下，外语学科与其他学科专业的跨学科融通十分重要，但我们不能将外语学科、外语专业简单视作其他学科的工具。总之，"工具化"模糊了外语教育的核心价值，充当了将外语教育"商品化"的理据和推手。

所谓"商品化"，是指任何有形或者无形的物体，被建构成可以进入经济交易环节的元素的过程，这里的"经济交易"可以指直接的买卖，也可以包括其他更为复杂的资产经营形式（Pujolar，2018）。"在商品经济充分发展的地方，人的活动同人本身被客体化，变成一种商品，这种商品服从社会的自然规律且异于人的客观性，它正如变为商品的任何消费品一样，必然不依赖于人而进行自己的活动"（卢卡奇，1996：147—148）。基于此，笔者认为，外语教育的商品化是指将原本被认为不可能进入商品流通和交换环节的公共产品纳入此类环节的过程，其根本问题在于它颠倒了外语教育的价值理性和工具理性的地位，将"工具性"变为"工具化"，将外语教育从原本以人的发展为中心引向以教育结果的生产、交换和消费为中心，从而改变了外语教育的核心要义，使其属性发生了嬗变。

3. 外语教育工具化带来的问题

3.1 外语教育被视为一种"商品"

外语教育商品化主要表现为将学校外语教育视为商品的倾向。在学校之外，以外语教育为业务经营的企业和机构层出不穷，外语教育或被设计成各类目标指向明确的商业化项目，或被开发成号称具有高收益的产品，以商业化的运作模式进行生产、交换与消费。客观而言，语言作为一种"生产要素"（李宇明，2018），可以进入交换环节，从而具备商品属性。但是，经济属性（商品属性）并不是语言的本质属性（Kaplan & Baldauf，1997），我们也不能依据语言的经济属性来推断语言教育的属性，摒弃外语教育原本的人文性价值。教育的本质决定了其要将确保受教育者的公平权作为重要追求。而对语言工具属性的过分强调以及语言教育的商品化在很大程度上破坏了教育公平，受教育者往往由于家庭、社会所能提供的资源不均等因素而无法获得机会公平、过程公平与结果公平。

3.2 外语教育成为"文化资本"

外语教育的商品化同时表现为越来越多的人将其视为一种"文化资本",从而赋予它投资的价值。"文化资本"是布迪厄所定义的四种资本形式之一,其他三种分别为经济资本、社会资本和象征资本(Bourdieu, 1986；1991)。布迪厄将文化资本定义为通过教育传递的文化产品,包括身体化的形态(如技能)、客体化的形态(如著作)以及制度化的形态(一些特定的制作安排,如证书)。从布迪厄的定义来看,外语教育可以同时传递以上三种形态的"产品",是典型的"文化资本"。实际上,社会大众已然将外语教育视作可投资的"文化资本",学界也有学者从文化资本的视角对语言教育"投资"进行了研究(Darvin & Norton, 2015)。然而,正如布迪厄所言,无论人们如何强调外语教育作为文化资本的正当性,也无论人们如何伪装文化资本的真实功能,都无法否认一切资本形式均以经济资本为根本,文化资本最终也要转换成经济资本的一种资本形式,其本身仍是实现社会结构再生产的工具(Bourdieu, 1986),重复生产或复制原有的社会关系与结构。可见,如果我们同意把外语教育视为一种"文化资本",就等于认同其作为社会权力结构再生产工具的性质,这显然颠倒了主体和客体的关系,是对外语教育的一种异化。

3.3 外语教育成为一种"区隔"手段

所谓通过文化资本投资实现社会结构的再生产,并不是指社会结构的调整或变革,而是指占据优质社会资源的群体通过文化资本投资的形式来完成社会结构复制的过程,其本质是对原有社会状况的维持而非颠覆。因此,外语教育成为布迪厄所说的"虚饰策略",以所谓对外语的"趣味"追求为幌子形成了事实上的"区隔"(Bourdieu, 1984)。前些年少儿外语课程的流行等现象既在一定程度上反映出一种维持抑或试图打破"区隔"的努力,也折射出人们面对可能(或即将)形成的"区隔"的一种忧虑心理。在这里,外语教育不仅被视作文化资本,更变成了一种社会心理的载体。

4. 外语教育工具化的成因

外语教育之所以出现了以上商品化的现象,既受自身发展状况的影响,也有着深刻的社会原因。前者主要指外语教育的跨学科内涵有待深化,后者主要指全球化与新自由主义、社会经济和科技发展对外语教育形成的冲击与挑战。

4.1 外语教育的跨学科内涵有待深化

外语教育的跨学科内涵有待进一步深化。从新中国成立后的外语教育史来看,我国外语教育在较长一段时间内固守语言学、文学、翻译学的学科内涵,到20世纪80年代中期,一些高校开始探索复合型外语人才培养,这一改革后来逐渐推广至更大范围,产生了较大影响,1998年高等学校外语专业教学指导委员会发布的《关于外语专业面向21世纪本科教育改革的若干意见》规定，"从根本上讲，外语是一种技能、一种载体，只有当外语与某一载体相结合，才能形成专业"。对此，蓝仁哲（2008）、文秋芳（2014）认为这一规定模糊了外语教育的专业意识，其结果将是"外语工具论"的盛行。此后一段时间，外语学科与外语教育进入了一段较长时间的探索与调整期。到 2018 年，国别与区域研究、比较文学与跨文化研究作为外语学科的新方向被正式写入《外国语言文学类教学质量国家标准》，拓宽了外语学科的内涵。2020 年颁布的《普通高等学校本科外国语言文学类专业教学指南》在落实国标精神的同时，明确指出各外语专业具有跨学科的特点。不过，由于新的学科方向尚处于初始建设阶段，相应的知识建构、师资队伍、课程体系等都还在完善之中，外语教育的跨学科内涵尚需进一步深化落实。

4.2　全球化与新自由主义的消极影响

在全球化背景下，以新自由主义为代表的各种社会思潮与全球化互为表里，对我国外语教育的理念和实践产生了深刻影响。新自由主义思潮主张放松对教育的政府干预和宏观管控，这等于支持教育领域的市场化管理，实行优胜劣汰的机制。在教育领域引入竞争机制在一定程度上有助于激发教育机构的活力，但是完全把教育事业交由市场，则从根本上剥离了政府对教育公平应当承担的职责。就具体的外语教育而言，由于新自由主义的影响，政府及其外语教育政策的影响被消解，外语教育作为公共产品的属性也被改变，取而代之的是外语教育被工具理性至上的主张和市场竞争的需要所裹挟，商业化元素深度渗透于外语教育领域，例如，近来研究发现，新自由主义话语在中国英语教材中有明显体现，英语学习在其中被塑造为完全个人化的项目（Xiong & Yuan, 2018）。可见，外语教育越来越多地被视为全球化时代一种重要的"商品"或"资本"，其原本的"责任"和价值引领作用逐渐被忽视。

4.3　语言服务导向和外语教育的外延过窄的矛盾

科技发展和社会经济结构的调整改变了外语教育所处的生态环境，深刻影响了外语教育的发展。一方面，一系列新兴产业的发展对语言产品和语言服务产生了新的需求，语言成为个体塑造职业自我和提高社会经济地位的重要手段；同时，社会经济结构与环境的改变使得新文科建设被提上日程，外语学科和外语专业在新文科建设中的作用受到越来越多的关注，外语服务的理念被逐渐强化。但另一方面，面对科技发展所带来的社会经济变革，外语教育又显现出外延过窄的问题，难以适应新形势下跨学科融合发展的需求。在机器翻译、人工智能等新技术的冲击下，外语教育的地位甚至也受到一定质疑。总之，社会环境的改变以及由此带来的学科发展的新需要，不断影响着外语教育的价值理念。在这一过程中，其服务属性的重要性愈发凸显，而外语教育外延过窄导致其实际功能低于社会预期，在一定程度上加剧了社会对外语教育的误解。

5. 应对外语教育商品化的路径

　　根据以上分析,要改变当前外语教育商品化的趋势,需要依靠全社会的共同努力,仅靠学校的力量是不够的。但是,学校作为价值传递的重要场域,在这一过程中可以发挥引领、号召以及潜移默化的影响作用。就学校外语教育而言,建议从以下方面来思考相应的行动路线(图1)。

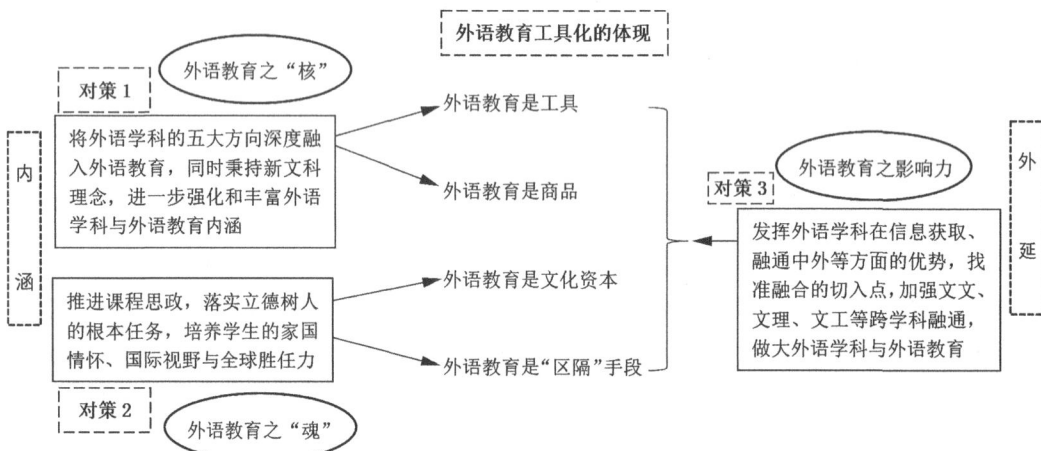

图1　外语教育工具化的体现及对策

(箭头表示"应对")

5.1　回归常识,凸显外语教育的基础作用

　　外语教育要摆脱工具化的束缚,首先需要回归常识,筑牢根基。长期以语言技能为事实上的教育核心的外语教育应当走具有核心价值和鲜明特色的人才培养和学科发展之路。在这方面,外语学科近年来在原有三大方向的基础上形成了国别与区域研究、比较文学与跨文化研究两大新方向,并提出致力于培养国家和社会急需的高端外语人才的目标,在回归常识的道路上迈出了坚实的一步。学科是专业的重要基础,是专业知识的源泉,唯有将学科建设做扎实,学生才有求得"真学问"、习得"真本领"的可能。外语学科应秉持新文科理念,以五大学科方向为基础,进一步拓展、丰富学科内涵。同时,教师应不断更新教学理念和教学模式。强调语言知识和语言技能的理念只会让外语教师在商品化的迷雾中失去归属感、迷失前进方向,而学科归属感的缺失又是教师失去职业获得感和幸福感的重要原因之一。因此,一方面外语教师必须提高自身改造外语学习、优化外语课堂的能力,将外语教学转变成有厚度、有技术含量的金课;另一方面,外语学科要为外语教师构建真正的知识家园和精神家园。总之,外语学科与外语专业应当进一步加强内涵建设,改变自身作为"工具""商品"的社会刻板印象;外语教师应当专注

于课堂教学改革,围绕相关专业方向设计合理、精细的课程体系和教学模式,从而做强"外语教育之核"。

5.2 立德树人,全面深化以课程思政为引擎的外语改革

外语教育应坚持立德树人,回答好"培养什么人""为谁培养人"的问题。课程思政是新一轮教育改革的重点,聚焦学生的价值观教育,事关人才培养的百年大计。"课程思政"作为立足我国本土教育实践以推动教育改革深入发展的中国话语,是对课程育人价值的中国化诠释(杨国斌、龙明忠,2019),对于挖掘中国特色外语教育的核心要义具有重要启示。外语教育因其自身特色,在培养学生树立正确的世界观、价值观、跨文化理解力、全球胜任力和国际视野方面具有重要优势,同时也是对内意识形态教育、对外讲好中国故事、建构中国国际形象、传播中国文化与中国声音的重要阵地。可见,外语教育承载着丰厚的课程思政元素和资源,也肩负着课程思政教育的重要责任。外语课程思政不仅关系到外语教育自身的发展,也关系到大学精神的塑造与传承,对于抵御商品化的冲击至关重要。外语教育与课程思政具有天然的融合倾向,对于高校外语专业和外语教师而言,应当积极对接国家发展需求,努力在专业教育的同时,实现课程思政理念、元素、资源的传递,铸就"外语教育之魂"。改变或逆转外语教育的商品化,需要借助课程思政实现外语教育"去资本化"、抵消外语教育作为"区隔手段"的存在;同时通过倡导和凸显外语教育的人文性,做实"育人"这一根本任务,以确保其真正的价值不被掩盖。

5.3 融通学科,拓展外语教育的价值外延

新科技发展和新产业新业态持续带来新的研究课题,引发文科学术视野的拓展和思维范式的变化,推动文科研究内容与方法的融合创新(樊丽明,2022)。跨学科交叉融合已经成为学科发展的新方向。"新文科"建设的提出,回应了时代的要求,同时也给外语教育带来了新挑战。外语教育如何融通学科,是其在面临商品化浪潮时保证外延安全的主要路径。具体而言,外语学科与外语专业在课程建设、教学评估、教材建设、教法创新、师资建设、教学管理等方面应体现高阶性、创新性、挑战度,确保自身的前沿性,主动参与文文、文理、文工等跨界融通,进而"做大"自我,在学科大森林中找到自己的一席之地,提升自身的影响力。在外语教育跨学科发展的过程中,首先需要挖掘外语学科的自身特色,基于外语学科在国别研究、文学文化研究、语言本质研究、信息获取、融通中外等方面的优势来寻找跨学科的切入点,避免为融合而融合的误区。例如,就外语与法律的融合而言,可以基于外语学科的特色开展法律外语、涉外法律的教育。第二,要处理好外语教育跨学科融通与坚持自身主体性之间的关系,既要坚持以问题为导向开展跨学科的研究与教学,避免假融合;又不能把跨学科性视为外语学科与外语教育的本质属性而让自身沦为工具,陷入被融合的境地。第三,各高校应结合学校优势、区位特点与自身实际,寻求特色鲜明

的外语教育跨学科建设之路,在不断拓展外语教育外延的同时推动外语教育的特色发展与高质量发展。

6. 结语

　　为谁培养外语人才,培养什么样的外语人才,怎样培养外语人才,是时代交给外语教育的重任。当前,外语教育以工具、商品、文化资本与区隔手段等商品化方式呈现的倾向在不断加剧。本文厘清了"工具性""工具化""商品化"等概念,分析了外语教育"工具化"过程中出现的一系列问题,并从外语学科与外语教育自身以及相关社会因素等两个角度探讨了外语教育"工具化"的原因,进而有针对性地提出了外语教育应加强学科内涵建设、全面深化以课程思政为引擎的外语教育改革、以跨学科发展为契机拓展外语教育的价值外延与影响力等应对外语教育商品化的路径,以推动外语教育回归自身本质,促进我国外语教育的健康发展和特色发展。

参考文献:

1. 蔡基刚,2017,从语言属性看外语教学的工具性和人文性[J],《东北师大学报(哲学社会科学版)》(2)。
2. 樊丽明,2022,中国新文科建设的使命、成就及前瞻[J],中国高等教育(12)。
3. 蓝仁哲,2008,改革开放时代的外语专业:回顾与反思[A],载庄智象编《外语教育名家谈(1978—2008)》[C],上海:上海外语教育出版社。
4. 蓝仁哲,2009,高校外语专业的学科属性与培养目标——关于外语专业改革与建设的思考[J],《中国外语》(6)。
5. 李宇明,2018,语言在全球治理中的重要作用[J],《外语界》(5)。
6. 卢卡奇,1996,《历史与阶级意识——关于马克思主义辩证法的研究》[M],杜章志、任立、燕宏远译,北京:商务印书馆。
7. 王文斌,2018,外语教学与外语教育、工具性与人文性之我见[J],《中国外语》(2)。
8. 文秋芳,2014,英语类专业实践多元人才观面临的挑战与对策[J],《外语教学与研究》(1)。
9. 杨国斌、龙明忠,2019,课程思政的价值与建设方向[J],《中国高等教育》(23)。
10. 杨金龙、沈骑,2019,"人类命运共同体"视域下我国外语专业人才的价值重塑——"工具"与"人文"之辨[J],《外语教育研究前沿》(3)。
11. 杨显平,2013,马克思异化理论研究困境的前提省思——兼论马克思异化理论与历史唯物主义的关系[J],《云南社会科学》(2)。
12. 杨忠,2007,培养技能发展智能——外语教育工具性与人文性的统一[J],《外语学刊》(6)。
13. 张新平、林美,2016,走向优势教育——兼论工具理性下"背离教育"的三种教育样态[J],《高等教育研究》(7)。
14. Bourdieu, P. 1984. *Distinction: A Social Critique of the Judgment of Taste*[M]. Cambridge, MA: Harvard University Press.
15. Bourdieu, P. 1986. The forms of capital[A]. In Richardson J. (ed.). *Handbook of Theory and Research for the Sociology of Education*[C]. Westport, CT: Greenwood.

16. Bourdieu, P. 1991. *Language and Symbolic Power*[M]. Cambridge: Polity Press.

17. Darvin, R. & Norton, B. 2015. Identity and a model of investment in applied linguistics[J]. *Annual Review of Applied Linguistics* 35.

18. Kaplan, R. B. & Baldauf, R. B. 1997. *Language Planning from Practice to Theory*[M]. Clevedon: Multilingual Matters.

19. Pujolar, J. 2018. Post-nationalism and language commodification[A]. In Tollefson, J. W. & Pérez-Milans, M. *The Oxford Handbook of Language Policy and Planning*[C]. New York: Oxford University Press.

20. Xiong, T. & Yuan, Z. 2018. "It was because I could speak English that I got the Job": Neoliberal discourse in a Chinese English textbook series[J]. *Journal of Language, Identity & Education* 17(2).

作者简介：邓世平，男，上海外国语大学博士生。研究方向：外语学科发展、外语教育规划。电子邮箱：spdeng@ shisu.edu.cn。

《语言教师的能动性》介评*

四川外国语大学　　杨金龙　唐蜀娟

摘要：本文旨在介评 2021 年陶坚与高雪松教授合著的新作《语言教师的能动性》(*Language Teacher Agency*)一书。该书以厘清教师能动性的概念内涵为抓手,通过结合"集体能动性"与"超视域"研究理念,将教师能动性研究在宏观层面扩展至社会文化、语言政策与规划等研究视域,在微观层面则关注教师情感、认同、知识体系、语言能力、教育政策实践等多维视角,具有综合性、前沿性和实用性的特点。该书为语言教师能动性研究提供了更加广阔的视域,对促进中国语言教师能动性研究和语言教师教学实践发展具有重要的启示意义。

关键词：介评;教师能动性;集体能动性;超视域

1. 引言

　　近年来,教师能动性逐渐成为教育学、教育语言学等领域的热门议题。目前,相关研究涉及教师能动性的变化、发展及干预措施(Rivera *et al.*, 2015；Spicer, 2011)、影响教师能动性的因素(Biesta *et al.*, 2015)、教师能动性的表现形式(Leal & Crookes, 2018；Jenkins, 2020)、教师对其能动性的自我认知(Tao & Gao, 2017)等主题。尽管研究者们尝试从不同视域、以不同方法对"教师能动性"这一话题进行探讨,但对于教师能动性的具体概念、范畴与维度,目前学界尚无统一看法。2021 年 10 月,由陶坚与高雪松教授合著、剑桥大学出版社出版的《语言教师的能动性》(*Language Teacher Agency*)一书,尝试从不同角度对教师能动性的概念进行梳理,并结合"集体能动性"与"超视域"研究理念,详细阐述了教师能动性在个人、机构、国家等层面的重要性及其影响因素。我们认为,该著作从理论与实践层面为教师能动性提供了更多维的研究视角,对促进外语教师发展具有重要的启示意义。

2. 内容简介

　　《语言教师的能动性》(*Language Teacher Agency*)一书共有七章。第一章为导论,作者

---

　　* 本文系 2022 年度重庆市社科规划项目"网络话语治理与重庆网络安全管理体系构建研究"(项目编号：2022NDYB150)的阶段性成果。

通过列举语言教师目前所面临的诸多困难和挑战,梳理前人相关研究,进而提出亟须解决的主要问题。在第二章中,作者从社会认知、文化、生态等视角对能动性的定义进行梳理。第三章和第四章则尝试从个人、机构与国家等层面对教师能动性的重要性及其影响因素进行阐述。第五章与第六章分别阐述了提高教师能动性的方法并提出"集体能动性"(collective agency)的概念。第七章为本研究的结论与启示。全书概述如下。

在该著作开篇,作者罗列了当下语言教师所面临的各类问题,认为社会变化为当前语言教师的教学实践带来诸多挑战,而能动性是应对上述挑战的重要方法之一。但是,就能动性的具体概念内涵,目前鲜有研究进行归纳或梳理。因此,作者从教师能动性的理据、教师能动性的重要性、提高语言教师能动性的路径、"集体能动性"(collective agency)概念的引入等六个方面对本书的主要内容进行概述。

在第二章中,作者分别从社会认知、社会文化、生态理论以及后结构主义四个视域对能动性的概念内涵进行阐释。具体而言,在社会认知视域下,作者认为人既是社会系统的生产者,又是社会系统的产物。因此,作为个体的意识行为,能动性随时代的变化而适应、发展和更新,具有目的性、预见性、自我反应性和自我反思性特征。社会文化视域强调个体发展与社会结构之间的密切关系,认为能动性是以社会文化为媒介的"行动能力"(a social-culturally mediated capacity to act)。作为对象国语言和文化的传递者,语言教师的专业技能和知识背景能使其获得社会认可,从而促进其能动性的发展。在生态观视域下,能动性受教师所处的生态环境的影响。基于文献梳理,作者认为能动性不仅受到周围社会环境的影响,同时还受个体自身经验的制约,如国籍、信仰、认同等因素。最后,后结构主义视角以"定位理论"(positioning theory)为基础,将能动性视为话语实践的形式,认为只有当教师处于某种特定的位置时才能做出相应的能动性实践。

第三章聚焦教师能动性的重要性。作者认为,从个人层面来讲,教师能动性是其职业发展和持续学习的重要影响因素。因此,帮助教师在学习教学的过程中培养"权威感"(a sense of authority),促进不同阶段的教师持续学习,或许是解决其在教学过程中面临诸多困难与挑战的良方。此外,就机构、国家与社会层面而言,虽然教师通常被认为是课程改革或教育政策的推动者,但教育改革往往伴随着或激或缓的冲突,逐渐消耗教师提高其专业素养的主观能动性。因此,作者提出,教学实践要以促进社会公正为导向,相应地,教师在教授学生时应做到随机应变,能动地选择教学材料。最后,作者通过个案研究指出,教师能动性并非停留在某特定时间段,而是伴随着教师的整个职业生涯,因而环境因素和教师自身职业发展都会影响其能动性的发展。

第四章以影响教师能动性的主要因素为抓手,梳理了教师能动性与教师自我认知、情绪、信念以及自身知识储备之间的关系,以揭示教师能动性受到社会身份、教育政策、课程改革等多种因素的影响。作者将教师能动性分为两类,即通过团体归属感而发展职业素养的能力、通过先前经验来发展职业素养的能力。作者通过调查研究指出,教师能动性的发展与教师自我定位密切相关,身份标记会阻碍教师能动性的发展,进而影响其在教学活动中的投入度。因此,教师的自我身份认同对其能动性的发展具有深远的影响。此外,值得关注的是,能动性与教师情绪之间联系紧密,但前人的相关研究鲜有涉及。作者认为,教师能动性是教师情绪的动力源,教师情绪是教师发挥其能动性的重要信号。本章最后指出,不论是个人层面还是社会层面,教师信念在教师能动性的发展中均起到至关重要的作用;同时,能动性会随着专业知识的储备和教学质量的提高而增长,因而提高专业知识能力和教学质量对促进语言教师能动性具有积极作用。

第五章主要关注促进语言教师能动性的方法,其中包括改变教师所处环境、促进教师个人成长两个方面。首先,针对教师所处的环境因素,作者重点讨论了团队在提高教师能动性中的作用:一个安全的、能为教师提供足够支持的团体能提升教师自信心,消除负面情绪对教师的影响,该团体一般包括教师之间的小型团体、校内团体、校际团体三类。其中,教师往往通过小型团体寻求建议与专业知识输入、分享担心与疑惑;校内团体能够帮助教师适应校内的教学环境变化,通过各类教育政策为教师提供相应指导;校际团体则培养教师对集体力量的共同信念,增强教师在教育系统中的话语权。其次,在促进教师个人成长方面,作者提出,面对成长过程中的诸多挑战,语言教师可以通过期刊论文写作、多模态自叙(multimodal narratives)与反思等路径来应对。在该章的最后一部分,作者通过个案研究,展示了负面情绪一方面会压抑教师的能动性,但同时也会促使教师寻求与他人合作;此外,正面情绪则可促进语言教师能动性的发展。

第六章重点探讨了"集体能动性"的概念。在本章中,作者同样使用了与第二章类似的多视角分析框架。例如,在社会认知层面,作者认为,对集体力量的共同信念是集体能动性的核心要素——教师对集体力量的信念越强,其能动性就越强,越容易达到既定目标。社会文化理论则重新界定了能动性的分析单位,将其从个人层面上升到集体层面,认为集体能动性对语言教师发展的贡献更胜于个人能动性。但在后结构主义视域下,个人层面的能动性又存在于集体之中。此外,生态理论视角强调将集体元素纳入生态视角,更加关注集体职业认同的重要性。作者指出,集体能动性有益于教师的职业发展,但也存在弊端:教学环境的复杂性会降低教师的集体能动性,且集体能动性的出现在很大程度上也取决于既定环境的影响,如集体中各成员的年龄、性格、教育经历等要素。最后,作者以我国某大学语言教师的跨语言合作为个案,表明集体活动能够促使团队成员之间形成情感联结和专业互动,进而产生集体能动性。

第七章对语言教师的能动性研究进行了总结与展望。为解构当前语言教师能动性研究的复杂性,作者提出了"超视域"(trans-perspective)研究的新理念。该理念不仅主张跨国界、跨文化、跨语种的研究,更提倡研究者从不同学科领域吸收不同的理论和方法对语言教师的能动性进行探索。其中,在宏观层面,语言教师的能动性研究在社会文化视域下应更加关注"集体能动性"的发展;在微观层面,语言教师的情感、认同、知识体系、语言能力、教育政策实践等维度也是决定其能动性发展的重要考量因素。

3. 评价

近年来,尽管教师能动性逐渐成为教育学、教育语言学等领域的热门研究议题,但从研究成果、研究视域等方面来看,我国的相关研究与西方相比仍较单薄。《语言教师的能动性》无疑为教师能动性研究在我国的进一步生根发芽提供了新视角。尽管该作篇幅较短,但寥寥数章却精准对接了语言教师能动性的各个方面,不仅对能动性的概念进行了全方位的阐释,同时也从不同视域对未来的教师能动性研究进行了展望。我们认为,该作具有综合性、前沿性和实用性三大特点。

（1）综合性

目前,以教师能动性为主题的相关研究涉及社会学、心理学、人类学、教育学、应用语言学等多个学科领域,学者们基于自身的学科背景与特点,对教师能动性的概念内涵、理论构建、实践方法等方面进行了探讨。然而,正是由于研究视域的不同,学界针对教师能动性的概念、理据等问题各有侧重,尚未形成统一看法;涉及教师能动性影响因素的相关研究也各有局限,尚未成体系。《语言教师的能动性》一书以厘清教师能动性的概念内涵为抓手,涵盖了社会认知、社会文化、后结构主义和生态视域多个维度,全面阐释了教师能动性的概念、重要性、影响因素等,并通过个案研究生动展现了提高教师能动性的方法,使读者能更加深刻地理解语言教师能动性的概念,并将相关理论运用到具体的研究和教学实践当中。

（2）前沿性

纵观现有文献,尽管围绕教师能动性的研究涉及教师的情感劳动（Miller & Gkonou,2018）、教师的自我认知发展（Wolff & Costa,2017）、教师信念（Kagan,1992）、教师专业素养（Bailey & Huang,2011）等个人层面的影响因素,也涉及诸如课程改革（高雪松等,2018;阮晓蕾,2020）、学校文化（李霞、李昶颖,2021）等社会层面的影响因素,但以上研究多呈点状分布,其研究深度与广度仍有很大开拓空间。该书则通过结合"集体能动性"与"超视域"研究理念,将教师能动性研究在宏观层面扩展至社会文化、语言政策与规划等研究视域,在微观层面则关注教师情感、认同、知识体系、语言能力、教育政策实践等多维视角。这不仅弥补了以往教师能动性研究呈点状分布的不足,将该话题"连点成面",同时也为语言教师能动性研究提供了更多维的路径启示。例如,在教育哲学、教育学研究的"情感转向"视域下,教师情绪与能动性之间的密切关系为语言教师的话语实践、教学实践等研究提供了新思路。

（3）实用性

在兼具综合性和前沿性的同时，该书以教师能动性的内涵及其影响因素为抓手，通过个案研究的方式呈现相应的因果关系。这不仅能够更加直观地呈现作者观点，同时也有助于将理论与实践相结合，给予读者深入浅出的案例剖析，为读者自行开展相关研究或教学实践提供思路。例如在第五章中，作者就如何提高语言教师的能动性，从改变教师所处环境、促进教师个人成长两方面提供建议。此外，该书也涉及中国语境下语言教师的现实问题，为我国学者、教师结合自身教学现状、心理环境等开展研究提供了指南。

4. 结论

近年来，尽管教师能动性逐渐成为教育学、教育语言学等领域的热门议题，但就教师能动性的具体概念、范畴与维度，目前学界尚无统一看法。《语言教师的能动性》尝试从不同维度对教师能动性的概念进行梳理，并结合"集体能动性"与"超视域"研究理念，详细阐述了教师能动性在个人、机构、国家等层面的重要性及其影响因素，弥补了以往教师能动性研究呈点状分布的不足。但美中不足的是，在该书所呈现的研究案例中，涉及的研究对象多为大学教师，而对中、小学语言教师所面临的诸多挑战并未提及，尤其是在我国的"双减"教育政策下，面向中小学语言教师能动性的研究有待进一步关注与研究。此外，第六、七章中所谈及的"集体能动性"与"超视域"研究理念无疑是本书的亮点，但令人遗憾的是，或许受篇幅所限，该部分内容仅泛泛而谈，令读者意犹未尽。但瑕不掩瑜，该书为语言教师能动性的研究提供了更为开阔的视域，对促进中国语言教师能动性研究和语言教师教学实践发展具有重要的启示意义。

参考文献：

1. 高雪松、陶坚、龚阳，2018，课程改革中的教师能动性与教师身份认同——社会文化视野［J］，《外语与外语教学》（1）。

2. 李霞、李昶颖，2021，学校文化对高校英语教师学习影响的实证研究——教师能动性的中介作用［J］，《外语教学》（6）。

3. 阮晓蕾，2020，课程改革背景下的英语专业教师教学能动性探究［J］，《山东外语教学》（3）。

4. Bailey, A. L. & Huang, B. H. 2011. Do current English language development/proficiency standards reflect the English needed for success in school?[J]. *Language Testing* 28(3).

5. Biesta, G., Priestley, M. & Robinson, S. 2015. The role of beliefs in teacher agency[J]. *Teachers and Teaching* 21(6).

6. Jenkins, G. 2020. Teacher agency: The effects of active and passive responses to curriculum change[J]. *The Australian Educational Researcher* 47(1).

7. Kagan, D. M. 1992. Implications of research on teacher beliefs[J]. *Educational Psychologist* 62(2).

8. Leal, P. & Crookes, G. V. 2018. "Most of my students kept saying, 'I never met a gay person'": A queer English language teacher's agency for social justice[J]. *System* 79.

9. Miller, E. R. & Gkonou, C. 2018. Language teacher agency, emotion labor and emotional rewards in tertiary-level English language programs[J]. *System* 79.

10. Rivera, M. S., Brotman, J. S. & Fain, S. S. 2015. Fostering structurally transformative teacher agency through science professional development[J]. *Journal of Research in Science Teaching* 52(4).

11. Spicer, D. H. E. 2011. From artifact to tool: Teachers' collective agency in school reform[J]. *Pedagogies: An International Journal* 6(4).

12. Tao, J. & Gao, X. 2017. Teacher agency and identity commitment in curricular reform[J]. *Teaching and Teacher Education* 62.

13. Tao, J. & Gao, X. 2021. *Language Teacher Agency*[M]. Cambridge: Cambridge University Press.

14. Wolff, D. & Costa, P. I. 2017. Expanding the language teacher identity landscape: An investigation of the emotions and strategies of a NNEST[J]. *The Modern Language Journal* (S1).

作者简介：

杨金龙，男，博士，在站博士后，四川外国语大学英语学院副教授，硕士研究生导师。研究方向：教育语言学、语言政策与规划。电子邮箱：yangjinlong1011@126.com。

唐蜀娟，四川外国语大学英语学院在读硕士研究生。研究方向：英语教学理论与实践。电子邮箱：tangsj10091213@163.com。

《澳大利亚高等教育中非英语语言—— 政策、规则和国家利益》介评[*]

《澳大利亚高等教育中非英语语言—— 政策、规则和国家利益》介评[*]

上海外国语大学　　张　琛

摘要：本书是关于语言政策或语言教育政策实证研究的系列丛书之一。该分册从澳大利亚国家利益、政治意识形态、经济因素等角度出发，通过展现和分析不同来源的历史文本，系统探讨了澳大利亚高等学校从殖民时期到现代的整个外语语言政策的宏观发展历程。本书研究视角独特，研究方法全面系统，丰富了澳大利亚外语教育政策研究。
关键词：语言教育政策；国家利益；语言教育规划

1. 引言

　　《澳大利亚高等教育中非英语语言——政策、规则和国家利益》(*Languages other than English in Australian Higher Education—Policies，Provision，and the National Interest*)出版于2019年，是Springer语言政策系列丛书的第17部。该系列丛书的主编Joseph Lo Bianco是墨尔本教育研究生院语言与素养教育教授，澳大利亚人文科学院前任院长。Lo Bianco教授于1987年撰写了《澳大利亚国家语言政策》，这是英语国家中的第一个多语言国家语言政策。2002年前，他还一直担任澳大利亚国家语言与扫盲学院的首席执行官。另一位主编Terrence G. Wiley曾任华盛顿特区应用语言学中心的首席执行官，亚利桑那州立大学教育政策研究和应用语言学名誉教授，马里兰大学研究生院教育学院成员，其教学和研究集中于教育和应用语言学。本书的作者是墨尔本大学的Jennifer Joan Baldwin教授。这是一本关于澳大利亚高等学校中非英语语种引进、学科设立、应用推广等方面的语言政策书籍。本书从国家利益和国家政策法规的角度出发，深入探讨了澳大利亚不同高等学校外语语言教育的发展进程，使读者深刻体会到高等学校外语语言政策的制定与实施与国家利益密切相关，在语言政策的构建框架下，政治、经济、文化、军事等因素的影响力都不容忽视。本书按照历史发展的先后顺序，探究了殖民期、战后期、经济发展期以及全球化

　　* 本文系教育部哲学社会科学研究重大课题攻关项目"世界语言政策综合资源库建设及比较研究"（项目编号：15JZD047）、教育部哲学社会科学研究重大课题攻关项目"新时代国家语言文字事业的新使命与发展方略研究"（项目编号：18JZD015）、高等学校学科创新引智计划（111工程）的阶段性成果。

背景下澳大利亚高等学校外语语言政策的实施和未来多语趋势下面临的问题。面对全球化背景下的学科融合、语言共存与和谐发展的契机,中国高等学校可从本书中借鉴有益经验,结合本国国情,科学促进外语学科发展。

2. 内容介绍

全书除引言和结论外,共有八章,按照澳大利亚历史的发展进程分别描述了其高等学校除英语和土著语言之外的其他外语语言发展历程。

引言部分详细系统地介绍了澳大利亚高等学校外语发展的特点,由于它曾是英属殖民地,学校历史发展及学科设置很大程度上受到了英国影响。本书的四大主题按照时间顺序依次推进:国家利益优先权、多元主义和多元文化盛行、亚洲语言优先以及全球化对语言学习的影响。社会、文化、政治以及经济因素一直都是影响语言政策的重要因素,这在澳大利亚高等学校外语学科发展进程中同样也是不可或缺的,甚至是具有决定性作用的,且为之后的高等学校学科优先设置权提供了参考。

第二章探讨了殖民时期及联邦时期澳大利亚高等学校的建立过程,以及悉尼大学、墨尔本大学、阿德莱德大学、塔斯马尼亚大学、昆士兰大学以及西澳大学六所学校成立之初的语种选择及学科设立。古典语言即拉丁语和古希腊语是每所学校的必修课程,而现代语言即法语和德语,是非必修课程。由于政府投入资金不足、学校教员缺乏及并非必修科目等原因,该时期现代语言教育的发展非常受限。

第三章主要论述了第二次世界大战之后的 20 世纪 50 年代—90 年代澳大利亚高等学校外语学习状况与国家利益密切相关。该时期国家陆续出台了一系列高等教育及语言服务政策,"经济理性主义"成为大学设置课程和大纲的主导思想。20 世纪 70 年代,政府开始重视移民现象,因而这一时期多元文化特征日益凸显,多语言呈现出不同地位。拉丁语和希腊语仍是大学学习的重点科目,法语、德语地位提高,欧洲语言中的意大利语、俄语、西班牙语等在某些大学中出现,亚洲语言如汉语、日语、印尼/马来语并未被广泛学习。

第四章主要介绍了影响澳大利亚多元文化与多语状况的主要因素,即国家移民政策。政府对待移民的多种语言的态度是接受的,并积极推动不同社区语言的融合,因此移民政策的改变终结了国家的《白澳政策》。《加尔巴利报告》涉及移民"社区语言"及服务问题。在 1974—2013 年的近 40 年时间里,"社区语言"在高等学校教育中蓬勃发展。

第五章集中介绍了高等学校中三种主要的亚洲语言——汉语、日语和印尼语的发展历程。20 世纪六七十年代后,随着国家贸易利益的需要与安全防卫策略等的提出,这三种亚洲语言开始在澳大利亚出现学习热潮。但是随着时代变迁,该现象也有所改变。

第六章介绍了另外三种战略语言——韩国语、俄语和阿拉伯语在高等学校中的发展状况。韩国语直至 1994 年才成为澳大利亚贸易语言,开始在学校开设并得到政府资金支持,然而其作为贸易语言的功能并不强。苏联解体后,澳大利亚学生学习俄语的热情也开始下降。阿拉伯语在澳大利亚高校首先是作为学术语言出现的,后期大量移民从中东、非洲和亚洲穆斯林国家来澳,阿拉伯语逐渐成为一种重要的移民社区语言。

第七章回顾了 20 世纪 90 年代高等学校语言学习结构和语言种类的变化,对墨尔本大学语言学科的结构变化进行了个案分析,指出该变化是墨尔本大学面对国际、国内和国家联邦之间的利益格局变化所作出的语言服务与语言结构的策略调整。高校科学研究与人才培养举措等都是促进国家发展的主要力量,国际科研水平是国家对外展示的有效途径,语言的对外宣传和国际交流功能不容忽视。

第八章讨论了工党政府 2012 年白皮书中面对"亚洲世纪"语言政策的问题和联邦政府 2013 年的"新哥伦布计划",即成立澳大利亚高校语言和文化网络中心,并对澳大利亚高校的知名语言教育家进行人才引进。在该部分作者探讨了面对 21 世纪的变化,语言政策的发展是从国家利益的角度出发以实现利益最大化,还是遵循语言的发展趋势,顺势而为。从全球发展的角度而言,如何协调本国官方语言与其他外语的关系也是值得深思的问题。

第九章是总结。国家并没有持续对高校中的外语语言教育提供资金支持,而许多语言的兴起与衰落都受到联邦政府和国家政策的影响。国家社会、文化、政治以及经济现状和语言支持力度等,让人们更加清楚地了解到澳大利亚高校目前的外语语言政策与发展现状。

3. 全书总体特色

本书探究了英语以外的其他语言在澳大利亚高等教育中的地位,主要介绍了 20 世纪下半叶一系列关于语言主题的报告和调查,论证了国家利益、社会经济等因素如何影响语言政策的制定和实施。

3.1 语言政策文件报告的全面性

澳大利亚是世界上公认的语言政策制定较为成功的国家之一(Firdaus,2013),在不同时期都出台了有关高等教育的语言政策或报告。本书集中探讨的是语言政策中的语言教育规划。20 世纪中叶到 20 世纪后期,随着高等教育的改革和发展,政府和不同机构出台了多份具体的语言教学报告,这些报告构成了高等教育和语言政策的大量珍贵文献,使人们能够从中窥见政府和学界对高等教育中英语以外语言的兴趣倾向,以及政治和经济因素对语言政策的影响。1966 年《威克斯报告》是第一份汇总了澳大利亚大学提供的语言课程数据的外语教学报告;1975 年澳大利亚人文研究委员会的报告更新了威克斯的数据,对语言需求的迅速下降表示关注;1982 年,联邦教育研究与发展委员会委托霍利调研了 1974—1981 年间澳大利亚高等学校外语教育情况,《霍利报告》详细介绍了机构开设语言课程情况和学习使用个别语言的学生人数;1991 年《利奥报告》为澳大利亚高等教育机构提供的语言课程提供了大量数据;2000 年《澳大利亚人文研究委员会报告》强调了"为维持全国性知识基础设施"发展规模较小的语言的重要性。上述报告共同构成了 1960—2000 年澳大利亚高等教育中的外语语言政策,从中可以看出,该时期澳大利亚政府对高等教育外语语言的讨论日益增多。

3.2 语言政策文件报告的时代性

Cooper(1989)提出,语言规划与社会变迁具有相关性,语言政策的制定与调整需与时代脉搏紧密联结,这样才能真正发挥实效。例如,1987 年澳大利亚第一部《国家语言政策》,就是在向多元文化国家转变的过程中出台的。该政策强调政府对不同语言发展的资金支持力度,提倡采取"协调一致的方法",承认和支持澳大利亚多种语言共同发展,促进不同文化相互碰撞、交融。

在整个 20 世纪,国家利益的观念经常被澳大利亚政府根据其政治目的应用在经济、战略、国防、文化和社会的优先事项和计划中。霍华德联合政府在其两份白皮书中强调了国家利益,即 1997 年的《国家利益》和 2003 年的《推进国家利益》。这两份白皮书重申了联盟战略中经济增长与繁荣至高无上的地位,认为加强安全对澳大利亚的国家利益至关重要。该时期的政策倾向表明,有关高等学校的语言决策很少是纯粹出于学术或文化的考虑,反而更多的是出于财务和预算方面的考虑而做出的。

随着《白澳》移民政策的实施和 19 世纪末至 20 世纪初反亚洲情绪的出现,以及之后与亚洲地区的贸易往来到出现"亚洲语言优先化",一些关键报告也随之出现。1970 年《奥赫穆蒂》报告中,政府提出亚洲语言的重要性;1994 年《陆克文》报告、2012 年《亚洲世纪》报告和 2013 年《新科伦坡》计划等都显示出政府在与亚洲接触方面不断变化的重点,从中可以看出联邦政府调整高等学校语言政策的多重原因。

国家的语言政策和规则的制定与实施受到诸多因素的影响,但最根本的因素是国家利益。经济发展是第一位,政治、文化、教育等因素紧随其后。政府财政对于语言发展的支持占很大比重,高等学校自身也会根据国家战略调整教学结构,尤其会根据语言地位的变化确立优先学习的课程。20 世纪澳大利亚高等学校中的主要语言学习状况表明,语种的增加、人们学习观念的增强、国家扶持力度的加大、与世界沟通联系的加深等因素都可有效促进国家语言政策的实施,强化语言生态意识,加快多元文化进程。

4. 研究特点和不足

本书的创新之处在于较为系统地以历史时间为轴线,从语言教学的角度出发,探讨了澳大利亚高等学校中的外语政策,但也存在一些不足。

理论基础上,全书只是系统描述了不同阶段高等学校中外语政策的制定与具体执行情况,但对这一整体现状的描述缺少理论框架的支撑。尽管内容和素材较为丰富,但没有形成具有本国特色的外语政策理论结构框架,在深度上略显不足。

研究素材上,大学档案起到了重要的数据收集作用。本书主要数据来源于 20 世纪 60 年代以来有关高等教育改革和发展以及语言教学等方面的大量政府和机构报告。学者、政府政策制定者和商人等研究主体积极参与调查,提供了多元的原始数据来源。学者的作用不可忽视,他们通过实证调查研究,结合国情,形成相关文件与咨政报告,对政府制定相关政策提供科学依据;大学档案资料的重要性不容忽视,包含学校发展历程、重大事件以及学生个人发展资料等,可以从微观上展示语言政策发展的脉络和细节;包括网络座谈会在内的教师发展协会的相关活动和高校语言教育者对语言教学的推介创新等工作的最新资讯,都是进行系统研究的必要补充资料,有利于多方材料交叉验证,提高可信度。

尽管本书的研究资料来源丰富,有来自不同存储库的档案,也包括已出版图书和口头资源,但仍存在一些局限性。有些大学档案部门的历史数据不是电子保存的,无法访问。数据通常以不同方式收集,有时是通过访谈,有时来自网站,有时来自现有报告,导致资源比较零散,难以获得一致的纵向数据,且数据存储的形式差异导致难以比较语言统计数据并得出结论。

研究方法上,本书通过解读文献和文件,系统梳理了澳大利亚高等学校从殖民时期到现代的外语政策发展历程,具有客观性和现实性。本书的附录部分清晰详细地从不同维度揭示了语言种类在不同高等学校中的变化与历史发展、移民人口数量、学习者态度、国家政策等因素相关。本书还通过对个别语言的案例研究来检验特定语言对国家利益的影响,如对墨尔本大学 1992 年和 1998 年特定的语言结构变化进行了分析和评估。

口述史方法是本书所使用的主要质性研究方法,提高了本书的可信度并增加了生动性。很多受访对象是当时政策的制订者或参与者,一定程度上为读者还原了历史。本书对 26 人进行了正式记录访谈,并通过电子邮件联系了其他 38 人以获取正式或非正式信息。受访者和其他受访对象包括高等学校的校长、副校长、时任教授和高级学者、在校学生、在职员工和毕业生。本书呈现了高等学校不同阶段语言学科特点的历史脉络,如果能够补充大学中不同阶段的学生人数、语言种类、学习成绩评估、学习效果认定等量化数据,分析会更加可视化。书中还提到了慈善机构和社区的资金来源,如果能够将该资金量与国家对高等教育资金支持的整体数据进行比较分析,也会让读者更加清晰地了解到高等学校语言发展资金来源的丰富性和重要性。

5. 总结

通过上述分析可以得出,澳大利亚高校语言政策的制定与实施过程反映了语言规划的一些特性:(1)语言的规划性与政治学、经济学、文化学、教育学、军事学等紧密相关,它具有多学科交叉结合的特点,因此对其进行分析可以有不同的维度与范式;(2)语言规划可以由学校等中观层面和学者等个人层面向国家机关或者机构倡议或者提出构建思路,进行语言政策"从下到上"的提出,与国家的"从上到下"形成补充与完善,但并不能提前预知并判断实施效果。政策的实施会受到诸多因素的影响,比如资金支持不足、师资力量不够、学员不配合、领导人不热衷等;(3)语言规划具有时代性:从政治上来说,澳大利亚由英属殖民地发展成独立联邦制国家;语言与文化发展格局也从英语一家独大发展到英语为官方语、其他语言共同有效发展的态势,单元文化也逐渐向多元文化跨进,如发展亚洲世纪这一点阐明了国家主权完整的重要性,显示出国家发展包括语言发展需要顺应历史发展潮流;(4)语言教育规划至关重要。Cooper(1989)指出语言习得规划是语言规划的微观展现。学校是语言政策应用和研究的一个中心场所。国家根据时代发展特色,结合自身国情制定语言教育政策,并出台相应政策文件;教育者根据国家和学生等不同主体的语言现状,设立目标并制定教学大纲,鼓励学生选择语言进行学习。

澳大利亚实行多元文化主义语言教育战略,将语言教育纳入国家战略视野,从国家生存和发展的整体利益出发,规划不同种类的语言教育。赵蓉晖(2017)提出不仅要把外语教育看作教书育人、培养语言能力的途径,也应把它作为一种社会构成要素来看待,这样才有可能全面认识外语教育本身及其发展规律,更有效地制定外语教育政策。高校外语语言政策的制定要在国家发展大局的宏观指导下,结合社会发展阶段,注重时代性和可操作性。Shohamy(2006)认为语言教育政策通常被认为是一种强加和操纵语言政策的机制,当权者通过正规教育把语言意识形态变成实践;同时语言教育政策也是一种自下而上的基层机制,以对上协商、要求和改变语言政策。本书所展现的澳大利亚高等学校的多语言教育政策,是在国家意识的主导下发挥能动性进行的语言实践,是将外语教育政策与社会发展紧密结合起来的典范。

参考文献:

1. 赵蓉晖,2017,语言政策视角下的中国外语教育发展趋势[J],《中国外语教育》(11)。

2. Baldwin, J. J. 2019. *Lanuages other than English in Australian Higher Education—Policies, Provisions, and the National Interest*[M]. Berlin: Springer.

3. Cooper, R. L. 1989. *Language Planning and Social Change*[M]. Cambridge: Cambridge University Press.

4. Firdaus. 2013. Indonesian language education in Australia: Politics, policies and responses[J]. *Asian*

Studies Review (1).

5. Shohamy, E. 2006. *Language Policy: Hidden Agendas and New Approaches*[M]. New York: Routledge.

作者简介：张琛，女，讲师，上海外国语大学语言研究院博士生。研究方向：语言政策与语言教育。电子邮箱：zhangchen2019@ shisu.edu.cn。

Abstracts of Papers

Experience in Developing Language Profiles of Countries Bordering China

——A Case Study on the Investigation and Compilation of Lao Language Profiles

Abstract: This paper takes the case of Laos to expound on the experience in developing language profiles of countries bordering China and the four points important to note are as follows. First, a general overview is the starting point of the research into the language of Laos. Second, conducting detailed investigations is the main focus of Lao language research. Third, carrying out in-depth field studies is the essential research method. Lastly, being flexible and adaptable to change is the vital cognitive path in doing Lao language research.

Keywords: bordering countries; language profile; Laos; case study

Emergency Management: A New Perspective on Cultivating Tertiary EFL Teachers' ICT Literacy

Abstract: Blended teaching (including online and face-to-face instruction) has been increasingly adopted in tertiary foreign language class. In such a context, teachers' information and communication technology (ICT) literacy has become one of the key factors to ensure the quality of online teaching. However, public emergencies are highly uncertain and destructive, and the traditional way of cultivating teachers' ICT literacy can no longer meet the urgent teaching needs under emergency conditions. Therefore, it is highly necessary to transform and improve the cultivation mode of teachers' ICT literacy. This paper first explores the meaning and cultivation methods of teachers' ICT literacy, and then proposes a new approach to cultivating teachers' ICT literacy under public emergencies from the perspective of "4R" emergency management theory. In addition, this paper also discusses three other factors that positively affect the cultivation of teachers' ICT literacy. This study may help to effectively enhance teachers' ICT literacy and thus strengthen their ability to cope with public emergencies.

Keywords: tertiary EFL teaching; teachers' ICT literacy; emergency management

A Study on the Status Quo and the Feature Construction of the Linguistic Landscape in Zhenjiang City

Abstract: This paper conducts a sample survey of four major regions in Zhenjiang City, and interprets the extent to which the language use in public spaces in Zhenjiang reflects China's language policy and planning and the degree to which the multilingual landscape in Zhenjiang reflects the city's international development from the perspectives of Scollon & Scollon's code orientation theory and Ben-Rafael & Ben-Rafael's principle of linguistic landscape construction. The results show that the linguistic landscape in Zhenjiang City has the following problems: the absence of top-level design, the unstandardized use of linguistic codes, single language coverage and the lack of city characteristics. Therefore, strategies for linguistic landscape construction are proposed, including introducing city planning policies related to linguistic landscape constrction, promoting the orderly and standardized use of linguistic codes and extending the coverage of bilingual/multilingual signage; advocating the construction of linguistic landscape that successfully combines international and local elements; integrating aesthetic elements and intelligent technology into the construction of the linguistic landscape in Zhenjiang City.

Keywords: "Exquisite Zhenjiang"; linguistic landscape; city internationalization; city planning; feature construction

A Study on Family Language Policy of Chaoshan Dialect in the New Era

Abstract: As one of Chinese dialects, Chaoshan dialect has recently been influenced by the popularization of Mandarin and the prevelance of English education. This study aims to explore the current situation and the sustainability of Chaoshan dialect in a multilingual context. This study combines quantitative and qualitative research methods by conducting a questionnaire survey on 250 natives of Chaoshan district and interviewing 17 of them in terms of educational background, language practices and attitudes toward Chaoshan dialect. The results show the different frequencies of Chaoshan dialect used in different occasions and social groups, parents' and students' proficiency of Chaoshan dialect and the factors influencing the family language policy of Chaoshan dialect. Most interviewees hold positive attitudes towards the inheritance and the development of Chaoshan dialect despite its weakening trend. Finally, this study proposes suggestions on the sustainable development of Chaoshan dialect.

Keywords: family language policy; Chaoshan dialect; Mandarin; language attitude; language education

Research on Language Education Policy in Algeria

Abstract: The language ecology in Algeria has undergone three stages: comprehensive

Francization during the colonial period, Arabization in the early stages of independence, and multilingualism since the 21st century. These stages have led to the current coexistence of Arabic, Amazigh, and French within Algerian society. Although the complex language ecology poses multiple challenges to the formulation and implementation of language education policies in Algeria, language education policy has gradually become an important reflection of the country's official language policy and national political consciousness. It serves as a significant means for the Algerian government to uphold national unity, promote social stability, and construct national identity. This paper examines the dynamic changes in Algeria's language education policy and explores its significant role in alleviating ethnic conflicts, promoting national unity, and maintaining social stability from the perspectives of colonization, religion, and ethnicity.

Keywords: language education policy; Algeria; cultural diversity

A Study of the Curricula of Cognate Critical Aboriginal Languages from the Perspective of Historical Comparative Linguistics

Abstract: From the perspective of historical comparative linguistics, this paper tries to develop an integrated curricula system of three cognate critical aboriginal languages (CCALs) — Persian, Tajik, and Dari. Based on an analysis of the feasibility of the system with a major-minor structure by demonstrating the historical origin and the linguistic similarities of the three languages, this paper proposes an integrated curricula system with courses of Persian as the primary ones and courses of Tajik and Dari as the secondary, as well as a systematic guarantee system, so as to improve CCAL teaching efficiency.

Keywords: critical aboriginal languages; curricula; historical comparative linguistics; Persian; Tajik; Dari

Research on Applying CBI Theory to College English Teaching in the New Era

Abstract: With higher education entering the new era, *College English Teaching Guide* (*2020*) endows college English education with new significance. To be more specific, college English education in the new era should strike a balance between instrumentality and humanity, implement the fundamental task of fostering virtue through education, and meet the development needs of the country, society, universities and individuals. However, the traditional college English teaching concepts and modes centering on language knowledge and skills can no longer adapt to the college English teaching in the new era. This paper discusses the comprehensive reform of college English teaching in an applied engineering college based on CBI theory. Practice shows that college English teaching based on CBI theory yields great results and thus can adapt to the changing requirements in the new era and achieve new goals of college English teaching.

Keywords：new era；college English；CBI；teaching reform

A Study on the Online Teaching Practice of Academic English Course (Reading & Writing)

Abstract：The development of mobile technology and the widespread use of smartphones and the Internet provide necessary technological support for online learning and online teaching. This paper discusses the online teaching practice of Academic English Course (Reading & Writing) based on the requirements of strengthening students' international competitiveness of New Engineering Education and Golden Course. This paper first elaborates on the teaching objectives, teaching resources and teaching design principles of this online teaching practice, then presents its organization and implementation, the assessment approaches and the teaching effects, and finally concludes with its innovative features, with the hope of providing some implications for the online teaching of relevant courses.

Keywords：online teaching；teaching objectives；teaching resources；teaching design；teaching organization and implementation

High School Integrated English Curriculum Targeted at Global Competence: Definitions, Principles and Practice

Abstract：Cultivating talents with global competence is of great significance to the construction of a community of a shared future for mankind, and sets higher requirements for basic education of foreign languages. Based on defining "global competence" and "integrated curriculum", this paper proposes that high school integrated English curriculum targeted at global competence in the new era should focus on improving students' national cultural identity, the capabilities to understand global problems, to communicate interculturally and to investigate cooperatively. This curriculum should be essentially interdisciplinary, problem-based, knowledge exploring, and rooted in real circumstances. This paper further explores the curriculum framework in terms of design, implementation, assessment and reflection, with the hope of providing some suggestions for cultivating talents of global competence and expanding the talent pool of global governance.

Keywords：global competence；integrated curriculum；framework

The Instrumentalization of Foreign Language Education: Problems and Approaches

Abstract：It has always been a fiercely debated issue in China whether the essence of foreign language education is instrumentality or humanism, and foreign language education from the economic perspective also shows a certain tendency towards instrumentalism. This paper defines the "instrumentalization" of foreign language education based on the analysis of relevant concepts, and examines the phenomenon of instrumentalization of foreign language education according to relevant sociological theories. The reasons for this phenomenon are further explored from the perspectives of foreign language discipline, foreign language education itself, and related socioeconomic factors. From the two dimensions of connotation and denotation of foreign language education, three strategies are proposed: strengthening the connotation construction of foreign language discipline, deepening the reform impelled by curriculum-based value education, and promoting interdisciplinary development to extend the value and influence of foreign language education.

Keywords: foreign language education; instrumentalization; connotation construction; curriculum-based value education; interdisciplinary development

A Review on *Language Teacher Agency*

Abstract: This paper reviews *Language Teacher Agency*, a new book co-authored by Professor Tao Jian and Gao Xuesong and published in 2021. Based on clarifying the concept of teacher agency, this book features "collective agency" and "trans-perspective" to expand the research perspectives of teacher agency to social culture, language policy and planning at the macro level, with micro focuses on teachers' emotion, identity, knowledge system, language ability and education policy practices. This book addresses the cutting-edge issues of language teacher agency research and provides a broad, comprehensive and practical guideline for language teachers, and thus is highly insightful for promoting the research of language teacher agency and the development of language teachers' teaching practice.

Keywords: review; teacher agency; collective agency; trans-perspective

A Review on *Languages other than English in Australian Higher Education—Policies, Provision, and the National Interest*

Abstract: *Languages othe than English in Australian Higher Education* is one in the book series of language policy empirical studies. From the perspectives of Australia's national interests, political ideology and economic factors, this book systematically discusses the foreign language policies in Australian universities from the colonial period to the modern era by presenting and analyzing historical texts from different sources. With unique research perspectives and comprehensive research methods, this book enriches Australian foreign language education studies.

Keywords: language education policy; national interests; language education planning